楽天さん、Yahoo！さん、
これでいいんですか？

偽ブランド屋は今日も大流行り！

横行するネットオークション詐欺

リボンリボンとその仲間 著
南国の隠居とブログ仲間 編

JN260941

太陽出版

序に代えて

警察動かした「主婦パワー」

佐々木　明
ジャーナリスト（元朝日新聞記者）

　なんとも少女趣味的な名前のホームページ「リボンリボンの情報交換広場」と出会ったのは、'02年8月だった。新聞記者時代の取材をもとに出版した『類似ヴィトン―巨大偽ブランド市場を追う』（小学館）をたまたま「リボンリボンの情報交換広場」の仲間が読んでくれていて、3ヶ月前に立ち上げたというホームページの感想を求められたのがきっかけだった。

　以来、偽ブランドの被害者をなくすため「共闘」した。中心的な役割を果たしている人たちとは話し合いの席で顔を合わせている。

　信じられなかったのは、わずか8ヶ月後に17万件を突破したアクセス数だった。今や偽ブランドは店頭販売を通り越し、ネットの中に潜り込み、犯罪の温床として最悪事態であることに気付かされたのだった。

　「リボンリボンの情報交換広場」と名付けられたホームページは、自ら偽ブランドの被害者である大阪在住の主婦パワー

が立ち上げたのだった。仕事を持ち、子育てに追われながらの熱意に頭が下がった。

　ネット販売の被害者は全国に及び、主婦や若い女性の多くが夫や家族に内緒で買っていただけにショックは大きく、悩んでいた。
　ホームページでは偽ブランドの情報を伝えたり、真贋鑑定のポイントなどを丁寧に発信した。ヤフー、楽天に対しては、悪質業者の商品の削除を要請、関係機関には取締りの強化を訴えた。
　'03年10月、ネット販売で巨額な利益をあげていた徳島市内の会社社長ら3人が商標権の侵害などの疑いで逮捕された。リボンリボンの詳細な被害事例や販売の手口が決め手となり、徳島県警の1年にわたる執念の捜査が実を結んだ。
　この社長は息子や従業員と結託し、グッチ、プラダ、フェンディのポーチや財布、ベルトなどの偽ブランドをネットオークションで販売し、11万点、約10億円を売り上げていた。
　3万人の被害者は北海道から沖縄に及び、一部の品は徳島、香川、広島県内のパチンコ店に流していた。彼らの利益は2億円を超えていたのである。偽ブランドのネット販売としては過去最大の事件だった。

　ネットオークションは誰でも不用品や新品、中古品を、店を構えることなく自由に売買できる利点がある。しかし、売り手が顔を見せず、身分も明かすことなく簡単に商売ができることから「悪の巣窟」そのままに犯罪の盲点になっている。
　買う側にとって不都合となる商品に触れず、見られないことをわきまえる必要がある。

買う側にも問題がある。異常とも言えるブランド志向や商品に対する無知もある。ニセモノと知った上で遊び感覚で買う消費者がいるかぎり偽ブランドはなくならないのだ。
　ヤフーの場合、24時間、担当者が画面を監視し、不適切な商品はそのつど排除しているという。しかし、排除された業者は次々と名義やIDを変え、販売を続けている。
　いまだに商品の説明に「税関証明書付き」「直営店の商品ではありません」「ノークレーム、ノーリターン（抗議と返品不可能）」など、明らかにニセモノとわかる説明の商品があるのだ。
　最大手のヤフーの場合、3千万人を超すユーザーを持ち、ネットオークションだけで数十億円の売上げを記録している。有名ブランドはネット販売に欠かせない目玉商品となっている。
　偽ブランドについて担当者は「トラブルはあくまでも当事者同士の問題。うちは場所を提供しているにすぎない」と言い逃れをしている。警察の取締りもネット犯罪に関しては捜査が面倒なこともあって進まない。ネット犯罪に関する法規制も遅れている。
　国はネットプロバイダーを厳しく指導し、被害情報をつぶさに開示すると同時に、取締りを強化し、被害者に対しては補償の枠を拡大するなど、救済を急ぐべきだろう。
　消費者保護団体の活動を上回るリボンリボンの奮闘振りは同時に、国の無策ぶりを証明しているのである。

Contents 目次

序に代えて
警察動かした「主婦パワー」
佐々木 明 ジャーナリスト(元朝日新聞記者) ………………………… 3

プロローグ
………………………………………………………………… 12

第1章　インターネットショッピングに夢中
………………………………………………………………… 13
- ■ネットショッピング初体験 ………………………… 14
- ■ネットショッピングってすごい！ ………………… 16
- ■今度は、オークションにはまっちゃった ………… 19

第2章　初めてのブランドオークション
………………………………………………………………… 25
- ■深夜の1円オークション ……………………………… 26
- ■サクラ入札にご用心 ………………………………… 29

第3章　悪夢のはじまり
………………………………………………………………… 33
- ■信じられない！ ……………………………………… 34
- ■出品者と交渉のはじまり …………………………… 35

第4章　見て見ぬふりのオークションサイト
………………………………………………………………… 45

- ■冷たいな。オークションサイト …………………………… 46
- ■被害者探し ………………………………………………… 51
- ■やったー！　返事が来た！ ……………………………… 52

第5章　もっと情報交換できる場が必要だ
57
- ■ホームページを作ろう！ ………………………………… 58
- ■ナンバーワンツーが出品を中止した！ ………………… 59
- ■1円ブランドオークション、その実態は?? …………… 59
- ■ウイルスメールの定期便 ………………………………… 61
- ■なんだか空しいなあ…… ………………………………… 64

第6章　仲間たちが集まってきた
69
- ■仲間って素晴らしい！ …………………………………… 70
- ■一人はみんなのために。みんなは一人のために ……… 72

第7章　ハイテク警察って何？
75
- ■ハイテク警察に通報！ …………………………………… 76
- ■ヘッダーって何よ？ ……………………………………… 79
- ■電話番号も住所も架空 …………………………………… 81
- ■メンバーパワー全開 ……………………………………… 83
- ■zaq…、zaq…、zaq… …………………………………… 85

Contents 目次

第8章　エスカレートする脅迫
.... 87
- ■ママが死んだらボクらはどうなるん?　............... 88
- ■アクセス解析って?　.. 93
- ■連携プレイ???　.. 93
- ■甲斐犬『銀』参上!　... 96

第9章　掲示板荒らしと仲間たち
.... 97
- ■掲示板荒らし?　.. 98
- ■言葉を封じることは許せない　........................... 100
- ■変わり行くヤフー、でも……　........................... 103
- ■株買っちゃった!　... 104
- ■返品交渉の勧め　... 105

第10章　へこんだときもあったっけ
.... 109
- ■見えないゴール　... 110
- ■一人じゃなかった　... 112
- ■『類似ヴィトン』の著者　佐々木明さんとの出会い　...... 114

第11章　これって、とてつもない事件だったんだ
.... 117
- ■やった!　逮捕!　起訴!　.................................... 118
- ■がんばって行こう!　あせらず、ゆっくり　......... 122

第12章　大切な忘れ物 …………………………………………… 125
- ■苺桃さんのこと ……………………………………… 126
- ■一番悲しかったこと ………………………………… 128
- ■さらに追記　告訴されちゃった。 ………………… 130

第13章　私を支えてくれるブログ仲間たち …………………… 131
- ■これではまるでコピー商品の山 …………………… 132
- ■ネットオークションの落とし穴 …………………… 133
- ■コピー品の問題は今や社会の関心事 ……………… 134
- ■リボンリボン様をご支援宜しく!! ………………… 136
- ■モノや人を疑って生きるって悲しいことですよね … 137
- ■パソコンという機械の向こう側に ………………… 139
- ■突然のメール ………………………………………… 142
- ■リボンの騎士はドンキホーテ？ …………………… 143
- ■小さい悪に気が付いて欲しい ……………………… 145
- ■安心してネットオークションを楽しめる日はいつ来るの
 ……………………………………………………………… 146
- ■ダマされるほうが悪いって悲しいですよね ……… 148
- ■勇気をありがとう …………………………………… 149
- ■あの悔しさは、忘れられません …………………… 150
- ■また一つ実を結びましたね ………………………… 151
- ■このサイトに出会えて本当によかった …………… 152
- ■日本は「コピー品消費大国」では ………………… 153

Contents 目次

『リボンリボンの情報交換広場』に寄せられた声
……………………………………………………………………… 155
- ■その一　オークションサイトに言いたい ………… 156
- ■その二　ブランドホルダーに言いたい ………… 163
- ■その三　消費者の方たちへ ………………… 169
- ■その四　偽ブランド販売者に言いたい ………… 177
- ■その五　私（リボンリボン）にもご意見を下さい …… 183

付　録
……………………………………………………………………… 192
- ■偽ブランド品にひとこと! ……………………… 192
- ■入札する時に気をつけていることは? ………… 197
- ■ここがおかしい! ……………………………… 199

妻（リボンリボン）へ ●●●●●●●●●●●●●
……………………………………………………………………… 203

編集後記
両国の隠居 …………………………………………… 205

http://plaza.rakuten.co.jp/ribonribon/

楽天さん、Yahoo!さん、
これでいいんですか？
偽ブランド屋は
今日も大流行り！
横行するネットオークション詐欺

プロローグ

『え!? 何これ!? うそ!?』
 届いたばかりの宅配便の包みを開くなり、私は慌てて袋を閉ざしました。見てはいけないものでも見てしまったように。
『誰かに見られているんじゃ……』
 無意識のうちに辺りを見渡した私は、誰もいないのを確かめてから、もう一度ゆっくり包みを開いてみました。
『もしかしたら、見間違い?』
 そう思ったけれど、やっぱり中味は同じです。そこに入っていたものは、イメージしていたものとはまったく違う、お粗末な、本当にチンケな、安っぽい、薄汚い……。
 あぁ……、なんて表現すればいいんでしょう。とにかく今まで見たことのないような、最低最悪なブランド品。そう、間違いなくニセモノ!
 生まれて初めて、インターネットオークションでブランド品を落札したのです。ブランド品を買うのは海外旅行に行ったときだけ、自分へのお土産にと決めていたけど、遊び心でついつい入札! しかも、オークションは白熱する戦いになって……。
 その余韻に浸りながら、素敵な物が届くと信じて、今か今かと到着を待っていたのに。そのティファニーがニセモノだなんて……。

インターネット
ショッピングに夢中

> 　みなさんは経験ありますか？　インターネットショッピング。
>
> 　雨の日も風の日も、深夜だって早朝だっておかまいなし。自宅に居ながらパソコンの電源を入れるだけでショッピングが楽しめちゃう。遠く離れた海外からのお買い物だってなんのその。ワンクリックで完了です。
>
> 　インターネット上に展開されるお店の数は無限大。洋服、和服、お茶碗、お皿、犬猫の動物類、クルマ、冷蔵庫、お花に仏壇、お菓子にタラバガニ。そして何よりもブランド品やジュエリーまで……。
>
> 　もしかしたら夜空に煌く星の数より多いかもしれない商品数。想像しただけでめまいがしそうです。ああ、なんて楽しい……。素晴らしい……。面白い……。夢がある……。

■ネットショッピング初体験

　ネットショッピングって、ほんとにすごい！

　でも、不安もいっぱいありますよね。お店がどこにあるのか確認も出来ないし、商品を見ないまま購入するのはとっても心配です。「ネットショップでバッグを買った」とか、「オークションでデジカメを安く手に入れた」などという言葉が日常的に聞かれるようになりました。

　小学校では授業にパソコンが取り入れられ、国家試験や大学入試の合格発表までもがインターネットで公開されるような時代。

　インターネットでお買い物も出来ないようでは時代に乗り遅れる。そんな印象さえ受けてしまう今日この頃です。

21世紀のプレミレニアム記念に、時代に乗り遅れないように、私もインターネットでショッピングを始めることにしました。
　でも、どうやって？　恐る恐るネットを検索しながら見つけたのは、日本最大のインターネット市場『楽天』です。
　いざ、楽天市場にアクセスしてみると、あるは、あるは、指輪にピアスにネックレス。大好きなジュエリー類が山のよう。まるで夢の世界です。
　画像で見る商品はとっても魅惑的。お値段も魅力的です。店舗や人件費の節約が価格に反映しているんでしょうね。楽天サイトを経由して販売店との安心のお取引。
『もう買わない手はない！』
　私もさっそく会員登録をすることにしました。登録はフォームに名前や住所を打ち込むだけで超簡単です。

　ところが、簡単なはずの会員登録。これがまたインターネット初心者には難しい。
　登録用のフォームに電話番号やメールアドレスを打ち込むだけのことなのに、半角で打ち込むところを全角で打ち込んでしまったり、ドットを忘れてしまったり、すんなり登録できなくて何度も何度もやり直しです。
　使用するIDは、サイトがおすすめするメールアドレスを使うことに。パスワードは忘れないように、名前と生まれた年を組み合わせたものにしようかな。
　インターネットをされている方は、こんな安易にパスワードを決めてしまうなんて、ちょっと危ないよって思われたかもしれません。でもこのときの私には、そんな簡単なことさえもわからなかったのです。

第1章　インターネットショッピングに夢中

ハンドルネーム『リボンリボン』を入れて、『規約に同意して登録する』というボタンをクリックすれば、ようやく登録完了です。
　しかしこの規約、長々と意味不明の言葉が並んでいます。一秒でも早くショッピングを始めたいと気持ちは高ぶるばかり。規約なんて後でも読めるし、取りあえずは登録！　登録！　クリック！
『やったー。登録完了！　これで私もネットショッピングが出来るんだ。すごい、すごい！』
　ネットショッピング初挑戦の私は、楽天市場に登録出来たということだけで有頂天。まるで大冒険の始まりのように思えました。ネット経験があるみなさんなら、この感動わかりますよねぇ、きっと。

■ネットショッピングってすごい！

　さぁ、これから楽しいショッピングタイムの始まりです。あれも買いたい、これも欲しい。ショッピングサイトをうろうろしているうちに、たどり着いたのが共同購入です。
　一人で購入すると４万円近くするダイヤのブレスレットも、二人以上の共同購入者があると、30％ OFFになるそうです。
　トータル１カラットのダイヤモンドが28000円。驚きのプライスです。すでに申し込んでいる方もあるので、30％ OFFで手に入ることは間違いなし。
『では、私も……』
　購入ボタンをクリック……しようと思ったんだけど、これが出来ないの。怖いんですよね。初めてのネットショッピングって。
『大丈夫なのかな？』
『変な物が届くんじゃない？』
『お金だけ振り込んで商品が届かなかったら？』
　そう考えるとすんなりとはいきません。欲しいし怖いし、どうし

ようかと何度も何度も行ったり来たり、さんざん思い悩んだ挙句、ようやく申し込みボタンをクリックしました。

　ところが……
『どんな物が届くんだろう？』
『もしかしたらダマされているんじゃないかしら？』
　と商品が届くまでが心配の毎日。
　数日後、待ちに待ったブレスレットが到着しました。ちょっぴり不安を感じながら包みを開いて見ると、中には綺麗にラッピングされた商品が入っていました。
　リボンを解いて箱を開けると、そこには想像していた以上に素敵なブレスレットが入っていました。デザインといい造りといい、ダイヤの輝きといい、この価格でこの商品は申し分ありません。
　今まで店頭で高価なジュエリーを購入していたことが馬鹿らしくなりました。
『すごいなあ。ネットショッピングって』
　こんな素敵なお買い物方法を発見すると、さぁ後が大変です。ネックレス、ピアス、万歩計、ファンヒーター、スニーカーと購入意欲は治まりません。
　そうこうするうちに、今度は食品も購入してみたくなりました。
『でも、食べる物はちょっと心配』
　そう思っていたのも初めだけ。ネットを検索するうちに、韓国旅行に行ったときに購入した激辛・激うまの、あのキムチと同じパッケージの商品を見つけてしまったのです。
『大丈夫かな？』と試しに注文してみましたが、これまたホームラン！
　忘れられないあのキムチとネットショッピングで극적 재회！(劇的再会)。

第1章　インターネットショッピングに夢中　17

運が良かったのか何なのか、届いた品物は驚くほど素晴らしいものばかり。しかもほとんどの商品は、申し込んだ翌日には手元に届くという神業のような速さ。

　これまでイメージしていた通販の、気が遠くなるほど長い到着時

間とは比べようもありません。
　思い立ったときに買い物が出来る！
　安い！
　早い！
　品質が良い！
　商品が豊富！
　安全！
　楽しい！
　こんな素晴らしいネットショッピングを今まで知らなかったなんて、本当にもったいない。ネットショッピングってすごい！

■今度は、オークションにはまっちゃった

　ネットショッピングを楽しむうちにオークションに興味を持ち始めるのは自然なこと。言ってみれば、食事のあとのデザートのようなものでしょうか？

　スープもサラダもお肉も、お腹いっぱい食べたはずなのに、甘い物が食べたくなる。プリンもケーキもフルーツも、あれもこれも食べたい。そんな感じと言えばわかっていただけるでしょうか？

　気がついてみれば、いつの間にかsweetがメインになっていたりとか……。

　オークションは大別すると、ショップが開催するものと、個人が出品するものの二つに分かれます。私が登録した楽天は、ショップが主催する『スーパーオークション』と個人が出品する『フリマオークション』のコーナーがありました。

　スーパーオークションは、ショップとのお取引で入札前に店舗の所在地や電話番号、代表者名などの販売者情報が確認できますが、フリマオークションでは出品者の情報はほとんど掲載されていませ

ん。

　業者がフリマオークションに出品している場合でも、ショップ情報の公開は義務付けられていないのか、掲載されているショップのほうが少ないようです。

　個人が出品する場合は、家で眠っていた未使用のもの、ワンシーズン着用した衣類、まだまだ処分するにはもったいないというバッグや時計、購入したもののサイズが合わなかったり、思ったものでなかったため使う機会のなかったものとか、はたまた趣味で出品す

るために購入された商品など。

　各地の催し会場で開催されるフリーマーケットがバージョンアップしてインターネット版になったようなものとでも言うのでしょうか。個人で出品する方は、儲けるというよりフリマ出品を楽しんでいる人のほうが多いようにも思えます。

　ものすごく多量な出品の中からお目当ての物を見つけ出すのは、まさに『宝探し』です。

　ただ漠然と見ているだけでも面白いけれど、欲しい物が決まっている場合はカテゴリーから選んだり、検索窓に探している商品名を打ち込むと、お目当ての商品がすぐに見つかります。

　またまた初めての体験。オークション！　出品者が見えないことも不安だけれど、何よりも入札ってどうするのって感じです。

　USEDなんて買ったことがなかったので、まずは新品未使用のトップスに入札。とってもかわいいカットソーが1000円でのスタート。オークション終了まではあと4日。現在の入札はゼロ。

　どうすればよいのかわからないので、取りあえずは1000円で入札。次の日も、その次の日も自分が入札した画面を見てみるけれど、私以外の人が入札した形跡はありません。

『すごいなぁ。こんなにかわいいカットソーが1000円で出品されているのに、誰も気がつかないなんて』

　こんなにたくさんの商品の中から、自分だけが特別な物を見つけたみたいで、私はなんだかとっても良い気分です。

　ところが、すっかり落札できる気分でいた私は、オークション終了日に楽天から届いた『落札できませんでした』というメールに愕然。

『え〜っ？　なんで？　どうなっているの？』

　終了した入札画面を見ると落札価格は1500円。いつの間にか私以外の誰かが入札していたのです。そんなこと本当に思いもよりま

せんでした。

「あほやねえ。オークションなんて、終了間際に入札するもんよ」
　遊びに来た友人のルミに話すと、彼女は呆れたような表情で教えてくれました。
「へえーっ。そういうものなの?」
「オークションって、終了間際に入札するもんやったんや」
「教えてあげるから、見といて」
　お目当てのオークションが終了する時間にルミがお手本を見せてくれると言います。どうするのかなと思っていると、パソコンに表示されたオークション画面を縮小して、もう一つ同じページの縮小画面を表示しました。
　パソコン上に二つ並んだ一方は、オークションの入札状態を確認する画面、もう一つはこちらの入札金額を入力する画面のようです。オークション終了30分前。入札のなかったカットソーにスタート価格の1200円……。
「あっ。入札入ったよ」
　慌てる私に、
「まだまだ。これからよ」
　と、ルミ。
　見ている間に1210円……1250円……1280円……と小刻みに値段が上がっていきます。
　終了3分前、価格は1400円。
　ここでルミは入札画面に1510円と入れました。でもまだ『入札する』というボタンは押さないようです。そして、待つこと2分。終了1分前、ルミが入札ボタンを押した!
　オークション終了!
　なんと、すごい。落札者は私になっているじゃないですか。次点

の人とわずか10円差。
「すごいなぁ。オークションってこうやって入札するのかぁ……」
　ただただ感心。
　ぼんやりしていたのではお目当ては落札できないってこと？
　短い時間にドキドキハラハラ、オークションって何とも言えないスリルと興奮があるのです。
　初めて見た落札の瞬間に感動しただけではなく、欲しいと思っていた商品が思いもかけない安値で落札出来て私はもう大満足です。

そして言うまでもなく、届いた商品も丁寧に梱包され、出品者からの手書きのメッセージまで入った満足いく物でした。

　というわけで、入札方法を教えてもらった私は、その後しばらくオークションにはまってしまったことは、言うまでもなく当然の流れですよね？
　欲しい商品が格安で手に入るだけではなく、わくわくするスリルが楽しめるオークション。出品されている方と取引きが完了するまでメールで交わすコミュニケーション。取引き終了後にお互いが付け合う評価など。オークションはウキウキすることの連続です。

初めての
ブランドオークション

> 　深夜、一人でネットショップを覗いていてＮさんの１円オークションと遭遇！　ブランド品を買うのは海外旅行の時にだけ、自分へのお土産にと決めていたけど、遊び心でついつい入札！　１円オークションで初めてTIFFANYを8800円で落札！　ええっ、ほんとに？落札できたの？　ラッキー！
> 　Ｎさんの評価を覗いてみる。悪いも２件あるけど、「偽物扱いしないで！　鑑定してもらってください」と反論されているし、だいじょうぶ、だいじょうぶ。良い評価は山ほどあるもの！

■深夜の１円オークション

　オークションを始めると、パソコンの前に座っている時間が段々長くなってきます。

　始めのうちは仕事や家事の合間にオークションを楽しむという具合でしたが、いつの間にか、夕食の後片付けもそのままで、午前０時を過ぎていたということがたびたびあるようになりました。

　特に欲しい物があるわけでもないのに、まるでデパートのバーゲン会場にでも足を踏み入れたように、珍しい商品や掘り出し物を探していると、すごく楽しくて、すっかり時間を忘れてしまうんですよね。

　そんなある日、どこをどう彷徨ったのか、ナンバーワンツーという業者が開催するブランド品１円オークションにたどり着きました。

　深夜だというのに、どんどん入札が入り、次から次へとオークションが終了して行きます。

グッチの財布
シャネルのイヤリング
フェラガモのキーケース
プラダのバッグ
ダンヒルの札入れ
ディオールのネックレス
……

まるで免税品店並の品揃えです。
　1円で出品されたこれらの商品には、何十もの入札が入り、終了するころには何千倍、何万倍の価格で競り落とされていきます。
　特別、ブランド品に興味があったわけではないけれど、深夜の賑やかなオークションの雰囲気につられ、ついつい私も参加してみたくなりました。

『何にしようかな？』
　あれこれ商品画像をチェックして最初に入札したのはグッチの財布。
　6551円……6651円……6700円……
　価格はどんどん上昇していきます。「どんなものかな？」と、私も終了間際に7000円で入札してみました。その途端、息をもつかさず次の入札が入ります。もう一度8000円に入れると、今度は一気に10000円に引き上がりました。
「へえ～っ」とあっけに取られている間に1万数千円でオークションは終了。一人でパソコンに向かっているはずなのに、なんだかものすごい熱気を感じます。
　次に目に付いたのが、ティファニーのバングル。オークション終了まであと数分です。まずは、6500円で入札。すると直後に価格は6600円に。

そこで私はルミに教えてもらったように、終了時間の１分前に7000円で入札しました。ここで、オークションは終了するはず……。

『なんで？』

終了時間は過ぎたのに、私が付けた金額を上回る入札が入りました。
「どうなっているの？」
　わけがわからないまま、私も7600円で入札。
　7700円……7800円……8000円……
　考える余裕もなく、入札される度に私も負けじと価格を上げていきます。
『だめだめ、もうこれで終わりにしよう』
　そう思って最後に8800円で入札を入れました。
　？
　？
　？
　その直後から入札がストップ。なぜだか設定されている終了時間から20分経過してオークションは終了しました。
『すご〜い！　ティファニーのバングルが8800円で落札出来ちゃった！』
　ネットショッピングはパラダイス‼

■サクラ入札にご用心

『サクラ入札』
　こんな言葉をご存知ですか？　サクラと言っても桜の花のことではありません。
　お客のふりをして人を集めたり、購買意欲をそそらせたりする人、ニセモノと言うか、おとりと言うか、そういう人のことをサクラと言うのですが、オークションにもこのサクラがけっこう出没しているのです。
　私たちが被害にあった業者のオークションもそうでした。入札履

歴をたどると、いつもいつも同じ名前の入札者に遭遇するのです。そのお馴染みさんの落札商品を見ると、これまた同じような店から、同じようなブランド品ばかり落札しています。

　仲間内で落札しておいて、相手に『良い』という評価を付けて出品者の評価を上げたり、展開しているオークションに加わり、値を上げることでオークション参加者の競争意識を煽り立てるのです。人気があるオークションと思ったら、大間違い。よく見渡せば、ほとんどが仲間内ということも……。

　そして、このようなサクラ入札で賑わうオークションで被害に遭ってしまうほとんどが、私のようなオークション初心者です。とっても悲しいことだけど、これが現実です。みなさん、サクラ入札には充分注意しましょう。

（リボンリボンのブログより）

これからオークションサイトに登録される方は、まず安心できると思われるサイトを選んでください。どこを選べばいいかよくわからないと思う方は、このページの日記や掲示板、みなさんから寄せられた情報等を参考にしてくださっても良いと思います。
オークションサイトに登録されてお気に入りの商品を見つけたら、入札する前に安全な出品者さんであるか今一度確認してください。
まず最初に確認して欲しいのは出品者の評価欄。評価はそれぞれのサイトで使われている言葉は違いますが、『良い』『どちらでもない』『悪い』などの３段階に分別されています（普通の評価に良いという言葉を使っているところもあるので注意）。
この評価欄の『良い』という数だけに左右されないでください。

『悪い』が１つでもついている出品者は要注意。『どちらでもない』等の真ん中の評価が目立つ出品者も注意してください。どちらでもないということは、何らかの問題があったと考えたほうが良いかもしれません。
初心者はこのような評価のある出品者を避けたほうが良いように思います（悪い取引相手との取引でこのような評価をつけられた方もありますが、それは評価欄をたくさんみているうちにわかるようになるはず）。また、出品数が多いのにほとんど評価のない方も注意してくださいね。

次に見るのはＱ＆Ａ
入札者の質問に納得のいく答えをされている方を選んでください。
感情的になったり、曖昧な言葉を使って返答している出品者さんは要注意。落札後はノークレームノーリターンと書いている出品者も避けた方がいいと思います。返品についてちゃんと説明をしている出品者さんを選びましょう。
商品の説明でよく、『当店の商品は並行輸入品・アウトレット品などのため、直営店では修理は出来ません。修理は近くの鞄屋でしてもらってください』と書かれているお店がありますが、これも注意。
本物である限り並行輸入品もアウトレット品もカスタマーセンターへ依頼すれば修理は可能です。このような品を近くの鞄屋さんに持ち込むと、鞄屋さんが困ってしまわれます（部品がないので、大抵は修理してもらえないようです）。
他にも注意点は色々ありますが、まずはこの辺から注意して入札

されたほうが良いかと思います。しっかり観察していれば初心者にも危ない出品者さんが見えるようになってくるはず。
入札する前に心配や疑問があれば、出品者に質問するの欄から必ず質問しましょう。このページの掲示板に書き込んでくださってもいいですよ。きっと、どなたかが疑問に答えてくださると思います。
出来るだけ危険は避けてオークションを楽しんでくださいね。

悪夢のはじまり

白熱したオークションの余韻もさめやらないうちに、翌日、落札したブレスレットが到着しました。宅配のお兄さんに代引きで料金を支払って荷物を受け取ると、私は急いで家の中へ。

■信じられない！

「早〜い。嘘みたい！」
　ウキウキした気分で包みを開く……。
「信じられなーい!?　何これ!?　こんなTIFFANY見たことない!?」

代引きで受け取った『ゆうぱっく』の袋の中には、むき出しのまま、ところどころ擦り切れたブルーの小箱が入っていました。箱には不自然な書体の TIFFANY の文字。

　箱を開くと、バングルを押し込んだ縫製の悪いブルーの布袋がぎゅうぎゅう詰めに押し込んであります。そして、シルバーの取り扱い説明書らしい中国語で書かれた、薄汚れた白い紙（とてもカードとは言えない）。

『ノーブランドの1000円のブレスレットだって、こんな状態では売れないよ！』

　ウキウキした気分が一転。

　気分は最悪になりました。

■出品者と交渉のはじまり

　海外旅行に出掛けたとき、何度かティファニー製品を買ったことがありました。届いた商品にどうしても納得出来ずに、出品者『ナンバーワンツー』に急いで問い合わせのメールを送りました。

> **ナンバーワンツー様**
> 今　商品が到着しました。迅速な対応ありがとうございました。
> ところで、これはどこのティファニーですか？　グアムと香港のティファニーで買い物したことがありますが、商品も包装も中のカードも少し雰囲気が違うのですが？
> 友人にプレゼントしようと思っていたのですが、自信を持って贈って大丈夫ですか？
> 少し不安なので、あさって大阪市内に出掛けるのでティファニーで確認させてもらっていいですか？

リボンリボン様
ナンバーワンツーです。ご連絡ありがとうございました。
こちらの商品は香港の免税店で購入したものとして卸業者から買ったものです。ですので自信を持って販売させていただいております。
もしご不安なようでしたら、ティファニーへお持ちください。また結果も教えてください。よろしくお願いいたします。

「うそでしょう？　何が免税品店よ。自信なんか持てるはずないじゃない。こんなの絶対ニセモノ！　どうせティファニーまで行かないと思っているんだ」
　もしかしたら、「間違いでした」と誠意のある態度を見せてくれるかもしれないと期待していた私が間違いでした。ただもう出品者からの返事に呆れ果てるばかりでした。
　夫に言えば「何をやってるんや！　そんなことやめておけ」と言われることはわかっているので、相談など出来ません。
　翌日、運良く大阪市内に出て行く予定があったので、それを済ませたあと、夫に悟られないようにティファニー直営店に寄ってみようかと計画を立てました。

　翌朝、まずは当初からの予定の、あるボランティア団体に行きました。
　ところが、担当の方と話している間もティファニーのことが気になって、そのことばかりが頭の中をぐるぐると駆け巡ります。
　それでもどうにか自分を抑えて話を済ませると、挨拶もそこそこに私は急いでティファニーの直営店に向かいました。

直営店に到着すると、販売員さんにお願いして同種のバングルと商品に付属する巾着袋などを見せてもらいました。
　販売員さんは落ち着いた対応で、いろいろな商品を見せてくれます。本物はやっぱり美しく輝いています。
『最初から怪しい品だと思っていたけれど、やっぱり！』
　直営店でナンバーワンツーから送られてきた商品が正規品でないことをしっかりと自分の目で確認。一見して違いがわかる箱や巾着など、付属品の比較画像を撮るために本当に欲しかった別の型のバングルを購入することにしました。

第3章　悪夢のはじまり

『最初からここで買えば良かった。』
　直営店で新しいバングルを購入したあと、自分がつくづく情けなくなりました。
　家に帰ると、急いでナンバーワンツーにメールを送りました。

> **ナンバーワンツー様**
> 今、TIFFANYから帰って来ました。思った通り直営店で販売されているものとは全く違いました。パッケージは微妙に違いますし、中のカード、クッションのスチールウール、ブレスレットを入れてある袋は明らかに違いました。ブレスレットもよく出来ていますが、本物より刻印が雑でした。
> ブランド品は安くて買える海外の免税店でと決めていたのに、自分自身、魔が差したとしか言いようがありません。お金のことも腹が立ちますが、多くの方を騙されているということが同じ出品者として許せません。ご自分の目で本物かどうか見極め仕入れるべき、、、というより、ブランド品の卸業者は存在しないと思いますよ。ご自分の足で海外に行って、ご自分の目で確かめて仕入れられることが一番です。購入された方々から回収と返金をお勧めします。
> 問題を起こすつもりはないですが、楽天さんには連絡させて頂きます。今日のオークションは止めてくださいね。

　メールを送ったあと、相手の出品ページの評価欄に『悪い』という評価をつけました。そして相手から報復の『悪い』評価を付け返されたときの対策として、自分の評価ページの自己紹介欄に、「TIFFANYの件でご質問がございましたら出品一覧の質問欄よりお問い合わせください」というメッセージも入れました。
　それから、オークションサイトには、今回の取引きのあらましの

報告を。

　ナンバーワンツーに最初に『悪い』と評価をつけた人、本当のことを言っただけなのにひどい評価を付け返されてホントに気の毒としか思えない……。

　翌日、ナンバーワンツーから返事が来ました。

リボンリボンさま
ご連絡ありがとうございました。また早々に悪い評価もいただきありがとうございます。さて商品ですが、リボンリボンさまからご連絡いただきました後すぐに卸業者の方に確認しましたが、やはり免税店で買ったとのことなのでこちらとしましても早急に調査させていただきます。恐れ入りますが、商品を返品していただく際に偽物だという証拠（鑑定書）も一緒にお送りください。それをもって再度ティファニーの方に確認させていただきます。
またいただいたメールの中で「自分の足で海外で・・・」とありますが、こちらの仕入担当者は毎月海外に行っております。お言葉を返すようですが、リボンリボンさまが旅行で海外に行った回数の何十倍も行っております。ご心配には及びません。
それからブランドの卸業者が存在しなければ、直営店以外のインポートショップやデパート、一般の小売店で販売されている商品はどうやって店頭に並ぶのですか？
すべて卸業者からの仕入れです。現に存在しているのですが・・・・
それでは商品は返品でよろしいですよね？　お送りいただく際に必ず鑑定書も一緒に送ってください。またお代金を返金させていただきますので、振込口座を教えてください。よろしくお願いいたします。
　　　　　　　　　　　　　　　　　　　　　　ナンバーワンツー

『リボンリボンさまが旅行で海外に行った回数の何十倍も行っております。ご心配には及びません』
『それでは商品は返品でよろしいですよね？　お送りいただく際に必ず鑑定書も一緒に送ってください』
　丁寧なメール文に見えるものの、これらの行を読むなり一気に怒りがこみ上げてきました。海外に行った回数なんか聞いているので

もなければ、お金を返してほしいわけでもありません。人を馬鹿にするにもほどがあります。
　こちらに返品する意思など毛頭ないということがナンバーワンツーにはわからないのです。そして私が何を言いたかったのかも……。
『絶対負けるもんか!』
返事を書くうちに、いつの間にか叩きつけるようにキーボードを打ち込んでいる自分に気がつきました。

ナンバーワンツー様
ご連絡ありがとうございます。
せっかくのお申し出ですが、返品は最初からお願いしていません。何かの手続きが必要な折に持っておいたほうが良いと思われるからです。残念ですが、TIFFANYで鑑定書などは発行して頂けません。そういうこともご存知と思います。
訴訟手続をさせてもらった方がお互いのために良いかもしれません。バッグなど購入された方で協力してくださる方を探さなければなりませんし時間も費用もかかりますが・・・
それと、送って頂いたブレスレットの中の確認を発送前にご自分でして頂けましたか?　仕入れられていた中に何点かコピーが混入していることはありえませんか?　良かったら明日にでも比較画像を送らせていただきます。

　翌朝、夫や子供たちを追い出すようにして送り出し、一人になるとデジカメを準備し、押入れに隠してあったナンバーワンツーのバングルと直営店で購入した商品を取り出しました。
　それから、落札した商品と直営店で購入した商品を並べて、比較画像を撮っていきます。

画像を撮り終わると、今度はそれをパソコンに取り入れ、メールに添付して、もう一度、出品者にオークションを中止してくれるようにとお願いメールを送りました。
　しかしメールは届いているはずなのに、オークションが止められる気配はありません。相変わらずの勢いで真夜中のオークションは続きます。
　次々と被害者が生まれていくオークションを目の当たりにしながら、何も出来ない自分が歯がゆくて仕方ありません。
「どうしてみんな、気づかないの？　早くオークションを中止して！」
　そう叫んでも相手に声は届きません。気持ちは高ぶるばかりです。
　もうここまで来れば、私もあとには引けません。
「私だけ返金してもらえたって納得できっこない」
「被害を受けている人は他にもたくさんいるんだ」
「そして、今夜も被害者は確実に増えていく」
「こんなの絶対許せない」
　これ以上ダマされる人を増やさないように、絶対オークションを止めさせてやる！　そう強く決心しました。
　あとから思うと、まったく冷静さに欠けていました。何を考えていたのでしょうねぇ。これから大変なことが起ころうとしているなんて、まったく想像も出来ずに……。

　ときに私のことを、「過激すぎる」とか「なんでそこまでこだわるの？」と掲示板に書いてくださる方があるのですが、もしかしたら、これを読んでくださっている方の中にも、そんなふうに思っておられる方がいるんじゃないでしょうか？
　そう言えば、身体を壊して辞めることになった前の職場でも、事あるごとに変革をしようと企てる私に、上司から「リボンリボンさ

んは、まるで過激派ですね」と言われたことがあります。

　前の職場は、一人ひとりの個性を認めてくださるところだったので、私のような過激で危険な人間でも 10 年近く働けたのですが、性格が災いして仕事も家事も遊びもとことん行ってしまうので、結局は自分を追い詰めて、倒れてしまう結果になってしまったんですね。

　一度倒れても懲りず、二度倒れてもまだ懲りず、三度倒れてボロボロになって、「そんなことやっていたら、死ぬよ」と言われて、ようやく仕事を辞める決心がついたという大馬鹿者です。

第3章　悪夢のはじまり

仕事を辞めて、もっと楽に生きるようにと家族や友だちにさんざん言われ、ソフトになろうと心がけて、注意して行動しているつもりなのですが、これが良いのか悪いのか……。難しいです。
　掲示板への書き込みも感情的にならないように自分では気をつけているつもりだけれど、周りの人にはまだまだ過激に見えるみたいですね。
「身体を壊して仕事を辞めたのに、何でそんなことやっているの？」と、友だちや家族は呆れ果てています。
　何でそこまで行くのか、自分でもわからない。わからない自分がそこにいるのです。

第4章

見て見ぬふりの
オークションサイト

ナンバーワンツーにオークションを中止して欲しいと何度メールを送っても、オークションが止められる気配はありません。
「どうしたらいいのだろう？」
　そう考えていると、このオークションが楽天という主催者を通してのオークションであることを思い出しました。

■冷たいな。オークションサイト

「きっと楽天なら、なんとかしてくれるに違いない！」
　そう思った私は、楽天に相談メールを書くことにしました。

楽天様
お世話になります。リボンリボンと申します。
一昨日フリマ１円オークションでティファニーのブレスレットを落札し本日到着しましたが、あきらかにコピーだと思われます。ネットショップは品物も相手も確認することができませんので、楽天さんから出品されていることだけが安心への手がかりです。コピーを販売する事は明らかに不法だと思います。調べていただく事は出来ませんか？　必要なら映像もお送りします。宜しくお願いします。

下記オークションです。
___

出品受付番号　　　：20340384
商品タイトル　　　：☆１円スタート☆TIFFANY　カフブレス
入札期間　　　　　：2002/05/1023:43:38

```
                    〜 2002/05/1700:13:38（自動延長）
自動延長        ：設定あり
早期終了        ：設定なし
オークションの種類：シングルオークション（オープン）
個数            ：一
最低入札価格    ：一円
一撃落札価格    ：設定なし
出品者          　ナンバーワンツー
```

ところが、楽天から返ってきたのは、同じ言葉ばかりを繰り返した長い長いメール。何を言いたいのかさっぱりわかりません。

何度も読み返して、やっと楽天の言いたいことがわかりました。

要は、オークションサイトは、あなたたちの取引きには関係ないので、当事者同士でやって頂戴。それでダメなら消費者センターへ相談して、ということですよね。

リボンリボン様
この度は、上記のお問い合わせをいただきました。
楽天フリマオークションは、お取引の場を提供するサービスを行っており、お取引自体については規約を遵守の上、お客様のご判断とご責任において行っていただいておりますので、弊社といたしましてはお取引自体につきましては関与いたしかねます旨、まずご了承いただきたくお願い申し上げます。
このため、出品については、出品する商品が弊社規約に規定されている出品禁止商品ではないこと、商品の販売が法令に違反し

ないことなどを確認の上、出品者の方のご判断とご責任において行っていただくようお願いいたしております。
（出品禁止商品
http://trading.rakuten.co.jp/doc/info/kiyaku/#NG）
ただ、法令に違反する商品につきましては、ご利用のお客様が予期せずにトラブルに巻き込まれてしまうことのないように事前にお力添えができればと存じまして、弊社といたしましても、日々、出品商品につきまして弊社独自にチェックをさせていただいております。
しかしながら、原則的には出品者の方が規約を遵守の上、出品者の方のご判断とご責任において出品されているという前提ですので、中には弊社のチェックにかからずお取引がされているものもあり、この度のようにお客様にご迷惑をお掛けする結果となってしまうケースがあることは、弊社といたしましても誠に残念に存じます。
この度の商品につきましては、弊社からも規約に反した出品をされたという点において、出品者の方へご連絡をさせていただきたいと存じますが、その際には、その商品が正規品ではないとする根拠が必要となってしまいます。
楽天フリマオークションでは、法令等に抵触するコピー商品の出品は禁止いたしておりますが、弊社といたしましては商品をひとつひとつ手にとって確認することはいたしかねますし、出品商品の真贋につきましては、ご存じのとおり、非常に微妙な問題でございますので、規約上出品商品については出品者の方のご判断とご責任にお任せしている以上、ご本人が「本物である」と正式に回答された場合においては、対処いたしかねます旨をご了承いた

だきたくお願い申し上げます。

このため、弊社といたしましては真贋の見極めではなく、出品者の方が出品商品について真贋をきちんと確認されているかという点においての対処が主となります。

おそれいりますが、この度落札された商品につきまして、正規品ではないとする根拠等についてお知らせいただければと存じます。

また、弊社から出品者の方へは、落札者であられるリボンリボン様よりご連絡が有りました事をご連絡させていただくこととなりますので、こちらにご同意いただけるかどうかにつきましても、合わせてご連絡ください。

なお、リボンリボン様から出品者の方に返品、返金を求められる場合においても、まずは出品者の方に、商品が正規品であるとする根拠の提示をお願いされること、また、リボンリボン様からは商品が正規品ではないとする根拠をご提示の上、お話し合いをしていただくことが肝要ではないかと存じます。

弊社といたしましても、出品者の方が故意に規約に反した出品をされていた場合には、その点につきまして対処させていただきたいと存じますので、お手数ではございますが、出品者の方へ商品が正規品ではないとする根拠を提示していただき、それに対してどのような回答をいただいたか等のご提示をいただければ幸いでございます。

また、先に申し上げましたとおり、弊社はお取引自体には直接的に関与いたしかねる立場にございますので、返品や返金などに関しては、ご進言することはできませんが、落札された商品が正規品ではないということで、入札時の条件と異なるとご判断されて

いらっしゃるのであれば、その理由においてお取引を不成立とされるべく、出品者の方と交渉されることは可能ではないかと存じます。
もし今回のようなトラブルに関しまして、お互いのお話し合いがつかないようでしたら、全国の「消費生活センター」等にご相談してみてはいかがでしょうか？
http://www.kokusen.go.jp/soudan/map/index.html
消費者取引をめぐるトラブルの苦情や問合せの相談窓口となっており、少しでもそれで解決の方向へお話が進めばと存じます。
弊社といたしましても一日も早く問題が解決されることをお祈りいたしますとともに、皆様が安心してお取引いただけるようなシステムの開発に努めて参りたいと存じますので、今後とも何卒よろしくお願い申し上げます。それでは、ご連絡をお待ちいたしております。

　確かに規約には「サイトはオークションの場を提供するだけで、取引きには関与しない」ということが書いてあります。
　でも多くの会員は、「楽天だから大丈夫！」と楽天という主催者があることで、安心してオークションに参加しているのです。
　楽天は、オークションに参加する人から出品手数料や落札手数料などを取って収入を得ているのだから何とかして欲しい！　そんな気持ちでいっぱいでした。
　その後も何度も楽天に相談や報告を入れましたが、返事はいつも定型文をコピーしたような味気ない、同じようなメールばかり。
『冷たいよ、楽天さん……』

■被害者探し

　楽天に言ってもヌカにクギ。まったく埒があきません。

　1分でも、いえいえ1秒でも早く、ナンバーワンツーに出品を止めさせたい。そう思った私は、とにかく私と同じように被害を受けた人を探し出し、連帯したいと考えました。

　どうやって落札した人を探し出そうかと考えながら、ぼんやりとナンバーワンツーの出品画面を見ていると、ふと名案が浮かびました。

　落札した人と連絡を取るためにはナンバーワンツーの入札履歴から落札者の評価ページをたどり、その評価ページから、今度は落札者自身が出品をされていないか調べていけばいいのです。

　そうです！　出品商品のQ&Aを利用して、ナンバーワンツーから落札した人にメールを送るのです。

　ナンバーワンツーの評価ページを開き、何百とある入札履歴を一つひとつたどり、落札した人の評価へ。

　それからその方が、オークションに出品されていないかをチェックします。出品している人を見つけたら、次は出品商品へ質問をするQ&Aからメッセージを送ります。

　何百件もある評価をたどるのは気の遠くなるような作業です。朝起きてから食事もまともに取らず、家族が寝入ったころにやっと10人ほどの人を探し出しました。そして出品されている商品にある、『質問を送る』フォームから連絡を入れました。

> こんにちは。リボンリボンと申します。突然こんな所からメールを送らせて頂いて申しわけありません。もし迷惑でなければ、教えて頂きたいことがあります。
> 実は先日ナンバーワンツーさんのオークションでティファニー

を落札したのですが、それが素人にもわかる粗悪なコピーだったんです。
これ以上被害者を出さないよう、同じ出品者としてオークションを止めて頂くようお願いしたのですが、本物だと言い張られ聞き入れてもらえません。
これを確認するために直営店にも行ってきましたし、楽天さんにもご報告しているのですが、もう少し情報がほしいのです。もし○○さんが落札された品に不審を感じておられましたら、ご迷惑でなければ情報を頂きたいのです。
泣き寝入りはしたくないし、みんなで協力しあえばオークションから少しずつ偽物を出品する人が少なくなっていくような気がします。宜しくお願いします。

■やったー！　返事が来た！

　昨日メールを送った他の落札者の方から早速2通のメールが返ってきました。

リボンリボン様
おはようございます。Hと申します。私も偽物ではないかと、メールを送りましたが、並行輸入の本物です。偽物といわれて、こちらも心外です、と返事が返ってきました。知り合いの質屋に持って行こうと思っていますともメールに書いていたのですが、言い張られたのであきらめました。
私はおかしいと思ったので、財布に入っているカードとブランドショップで購入したバッグのカードを見比べました。財布のカー

ドの文字は丸みがあり、黄色の模様が縦方向・横方向で違っていました。
そのことも告げたのですが、FENDI は直営店がないから、全て並行輸入で入ってきます。並行輸入だから、そのバッグが本物で、財布が偽物とはいえません。バッグが必ずしも本物であるとも言えませんと言われました。
素人では見分けられないようなものばかり売っているような気がします。グッチとか FENDI は、なかなか見分けられないですよね！　　　　　　　　　　　　　　　　　　　　　　　　　　H

リボンリボン様
ニセモノなのですか・・・。落札したのはグッチのアクセサリーポーチ。同じタイプのグッチのトート 1119 を持っているのですが（もちろんこれは本物）、今初めて比べてみました。
裏地が似ているけど違う。又、内側の皮の表示タグを裏返すと印字してあるナンバーの字体が全然違う。ホントだ・・・。信じていたのでショック。ま、安かったけどこれはいけませんね。この件は声を大にして訴えるべき。
そもそも私がヤフーではなく、楽天を選ぶのは安心だからです。それがこんなかたちでなんて。確かに楽天側もこれだけ毎回ならおかしいと思ってもいいですよね。
ニセモノというのじゃなくても、古着でもかなり粗悪品が高値で売られて（画像がいい）手にとってがっくりということが普通のフリマでも多いみたいです。（私も１回経験済み）
伝言板というかチャットというか掲示板みたいな交流コーナーがあってしかるべきですね。評価なんてつけにくいじゃないですか。

> でも、グッチの財布も欲しくて頑張ったことがあるので落札できなくてよかったということかな。ひどいですね。
> 早速私も楽天さんに文句入れときます。情報ありがとうございました。
> H・O

　Hさんは財布が送られてきてすぐに「ニセモノではないか？知人の質屋で見てもらう」と出品者にメールを送ったらしいが「本物なのでどこででも鑑定してください」と取り合ってもらえなかったらしい。

　オーさんは自分の持っておられるグッチのバッグと落札した物を比較していろいろな違いを教えてくださった。楽天さんに今回の件を報告して、ナンバーワンツーさんに『悪い』の評価も付けてくださるらしい。

　デジカメの具合が良くなったら比較画像も送って頂けるとの心強いお返事。ただただ感謝です。こんなに早く返答をいただけるとは思ってなかったのに。

　それと同時に「落

札したのはやっぱりニセモノですか」「ニセモノと見分けるのはどうすればいいですか？」「ニセモノだったら返品したい」「ナンバーワンツーさんのオークションと××さんのオークションは発送者が同じだった」などの質問や情報が届きはじめました。

　オーさんとも話していたけど、やっぱりこういう情報交換の場は必要だと思う。Ｒさんからはあいまいなお答えしか頂けないから自分で作るしかないかなぁ……。でも、どうやって？

　翌朝のことです。もっと驚くことが起こりました。
　メールボックスを開いてみて、ビックリ！
「え？　ほんとに？　こんなにメールが？」
　信じられないことにメールボックスには一晩で20通以上のメールが配信されていました。
　こちらがメールを送った人からの返事だけではありません。私の自己紹介欄のメッセージを読んでくれた人からも質問メールが山のように……。頂いたメールに一つひとつ、返事を書いている間にもメールが……。
　ほとんどがナンバーワンツーに付けた『悪い』という評価から私の評価ページをたどり、質問メールを送ってくださった人ばかり。質問の内容もほぼ同じ。みんな同じことが知りたいんだ……。

リボンリボン様
こんにちは、ナンバーワンツーさんの件なんですが、その後どうなったんでしょうか？
私も一週間くらい前にフェラガモのキーケース（水色）を落札しました。金具接合部分が曲がってたので、気になってナンバーワンツーさんをチェックしてたら、リボンリボンさんの件があった

のでビックリです。でも見てもらうのも・・・と思ってるんですが、もし楽天さんに何かアクションをおこされるのでしたら、考えます。

I・T

リボンリボン様
はじめまして。突然のメールで失礼します。
私はナンバーワンツーさんのオークションが好きでよく入札しているのですが、先日評価を見ましたら悪いが付いていて、何やらニセモノだったとかで少し気になっています。
落札も一度だけですがしたことがあるし（グッチの財布ですが）、でも良い評価も沢山ある方なので、どちらを信じてよいのかわかりません。
もしよろしければ詳しくお教えいただけないでしょうか？　お忙しいと思いますので、お時間があるときで結構です。何卒よろしくお願いします。

A.Y

リボンリボン様
はじめまして。ひ○ぽ○ラインさんの対応の悪さに評価を「悪い」とつけました。が、その後出品しなくなったので驚いていました。わかる範囲で教えて頂きたいのですが、今１円オークションに出ている「ももらいん」さんとか他の出品者からのコピー商品は発見されているのですか？　私はまだ１オクに参加しているので。もし、お時間あるようでしたらお返事お待ちしています。

Tより

第5章

もっと情報交換できる場が必要だ

メールを書いているうちにあっという間に2時間が過ぎた。このままじゃあ大変なことになる。何の準備もないし知識もないけれど、なんとかみなさんとコンタクトが取れるように、情報交換の場としてホームページを立ち上げようと決意する。
　知人に来てもらい、早速ホームページを開くのを手伝ってもらう。名前は何にしょう？　壁紙は？　そんなことを相談しながら、午後12時半ホームページ開設。
　でも、本当の始まりはここから。まず、今までの経過を書かなくては！

■ホームページを作ろう！

　パソコンオンチだった私。楽天が提供する最も簡単と思えるホームページプログラムも、当時の私には何がなんだかさっぱり？
　ということで、パソコンに詳しいTomさんにSOSを入れました。
　Tomさんは、ここらでは有名なパソコンオタク。自分でパソコンを組み立てたり、ソフトを作ったり、ウイルス駆除だってお手のもの。彼がいれば怖いものなしです。
　Tomさんが来て、お茶の用意をしている間にも、ホームページの完成。
「早い！　さすがTomさん！」
　ページ名は『リボンリボンの情報交換広場』。ブランドコピー品の情報交換広場です。
　なんて素晴らしい！　またまた大感動！　私のホームページが出来たなんて。うわぁ、まるで夢みたい！

まずは、これまでの経過を書かなくては……。
　ナンバーワンツーとの出会いのときから、今までのことを一つひとつ書き込んでいきます。やってみると私でも簡単に更新できます。
　一通り書き込んだ後、メールボックスを開くと、ナンバーワンツーからメールが届いていました。

■ナンバーワンツーが出品を中止した！

> リボンリボンさま
> ナンバーワンツーです。写真までお送りいただきありがとうございました。ずっと体調が悪かったので、まだ見てないですがまた今度見させていただきます。
> 出品中のオークションもこちらで、仕入業者等、調査している間取消しいたしました。これでよろしかったでしょうか？
>
> 美加

　美加さん、もう少し早く答を出してくれれば良かったのに。私のところには、犯罪になるなら訴えたいという人や、ネットの法律相談や消費者センターに相談メールを送ったと言う人たちからのメールも届いている。私自身がとまどうくらい……。
　これは、ほとんど美加さんのお客様だった人たちですよ！　一人ひとりは弱くても、みんなの力が合わさると大きな力になるんですよ！

■１円ブランドオークション、その実態は？？

　画像を送ったのが効いたのか、数日後ナンバーワンツーが出品を

中止しました。しかし、ナンバーワンツーが出品を中止したというときには、事態は思わぬ方向へと進んでいました。

　ホームページを開設してから、以前にも増して情報や相談が寄せられました。ナンバーワンツーからブランド品を落札したという人たちからの落札した商品がコピー品であったという情報だけではなく、信じられないような内容の情報がぞくぞくと寄せられました。

ナンバーワンツーの他に、○用品○貨と○○‐○○○貿易でも落札したら、送られて来たメールのドメインは○○‐○○○貿易という同一のものだった。

な○ら○と亜○ちゃん亭は発送元が兵庫県の同じ住所。

○○‐○○○貿易は以前株式会社マリ○と言う名前だった。

大阪にあるヒ○ポ○ラインと徳島のナンバーワンツーは同一業者。

楽天で被害を受けたので、ヤフーのブランドオークションで購入したら商品を送ってきたのは○○‐○○○貿易だった。

ビッダーズにも○○‐○○○貿易が名前を変えて出品している。

　そうなのです。私たちが被害に遭った業者は、ナンバーワンツーという、たった一人の出品者ではなく、とてつもなく大きな組織だったのです。

　当時１円オークションと称して、楽天で大々的にブランド品を出品していたほとんどの業者が、同一の組織であったということがわ

かってきました。
　そしてこの組織は、ヤフーやビッダーズでも連日連夜同じような形で莫大な数のニセブランド品を販売していたのです。
　ナンバーワンツーが出品を中止したところで、状況は何も変わっていなかったのです。

■ウイルスメールの定期便
　朝、メールチェックをしていたら、急にメール受信が出来なくなりました。ログアウトして再起動しても動かない。画面はフリーズ

したままです。

　昨日知人に、「そんなんしてたら、ウイルスが送られてくるよ」と言われたばかりです。

　今までウイルスなんて心配したことなかったけれど、念のためにウイルスチェックソフトかインターネットプロバイダーの駆除対策サービスを利用した方がいいのかなあと考え始めたところでした。

　とりあえずプロバイダーが提供する無料のウイルスチェックを行ってみると、なんと！　8件のウイルスを発見！

　ウイルスに遭遇するのは初めてで本当ならもっとびっくりするところだけど、昨日話していたばかりなので、「やっぱり来たか！」という感じでした。

　自分では駆除できそうにないから、パソコンに詳しいTomさんに携帯からSOSを発信！　翌朝、仕事から帰ったTomさんが駆けつけてくれました。

　ウイルスチェックをしたあと、Tomさんが感染しているウイルスの種類を一つひとつ調べて駆除していきます。

　横で見ている私は感心するばかり。ほんとに感謝！

　パソコンを修復したあと、インターネットからウイルスバスターをインストールしてもらって、一段落。

「おそろしや。パソコンを食い荒らすウイルス」

「でも、もうこれで安心」

　ところが、ところがです。ウイルスが送られて来たのはこの日だけではありませんでした。

　ウイルスに感染した翌日から、パソコンを起動するたびにウイルスバスターが作動して『ウイルスを発見しました』と警告が入ります。添付ファイルの付いたメールは即削除。

　それで問題はないのですが、毎日毎日欠かさず届くウイルスには

いいかげんうんざりしてきました。少ない日で１通か２通。多い日には５通です。

　せっかく慣れ親しんだメールアドレス。思い悩んだ末、新しいアドレスに変更することにしました。

　これまでは自分の名前をアドレスに入れていたけど、それもあんまり良くないようなので、やめにしました。

　アドレスを変更するのは簡単。でも、その後がまた大変なんですよね。友だちにアドレス変更のお知らせを入れたり、あちこち会員登録しているサイトにも変更手続きをしなければなりません。

　どこまで変更できたかなんて、もうわからない。多分漏れはいっぱいあっただろうし、連絡漏れの友人もいっぱいいたと思います。

※まだウイルス対策をされてない方は、絶対しておいたほうが良いと思いますよ。特にインターネットショッピングやオークションを利用されている方は、どこから感染するか予想もつきません。

　差出人に心当たりがない添付メールは開封しないのは当たり前ですが、開封しなくても感染するメールがあるようですし、何気なく訪れたホームページを開くなり、感染したという話も少なくはありません。

　無料で利用できるソフトや、購入前にお試し期間があるソフトもありますので、いくつか試してみるのも良いかもしれませんね！

○ウイルスバスター 2005
　http://www.trendmicro.com/jp/home/personal.htm
○ウイルスドクター 2005
　http://www.virusdoctor.jp/products/vd2004.asp

○ NOD32 アンチウイルス
　http://canon-sol.jp/product/nd/index.html
○ウイルスセキュリティ 2005
　http://sec.sourcenext.info/
○ウイルスブロック 2005
　http://japan.ahnlab.com/

■なんだか空しいなあ……

　ホームページを開設してから、被害を受けた人だけではなく、いろいろな人が掲示板に書き込みをしてくれるようになりました。

　ひどい商品を送られてきて、ショックを受けている人。「一緒にガンバロウ！」と言ってくれる人。ナンバーワンツーに関連する出品の情報をくれる人。ブランド品の見分け方を説明してくれる人。「ガンバレ！」と応援してくれる人……。出会ったことのない人たちが、何の見返りも求めないで、こんな私を支えようとしてくれているのです。

　ただその反対に、有力な情報が集まると同時に、心が傷つくような嫌な書き込みも増えていきます。

馬鹿じゃないの？　そんなことしたって、何一つ変わらないよ。

お前らごときがそんなことしたぐらいでサイトは動かないよ。サイトは業者の味方ってことがわからないの？

貧乏人がブランド語ってんじゃないよ！

そんなにイヤなら楽天止めればいいじゃん！

> 呼びかけとか　暇だねー　もっと頭つかって

> こんな母親って嫌だな。旦那さんかわいそうに・・

> パソコンに向かう暇があれば子供の世話でもしたら

> ここに来てる人たちは、いざという時には誰も味方なんてしてくれないよ。あんたは結局一人なんだよ

> あんた名誉毀損で訴えられるよ

　次から次に掲示板へ書き込まれるコメントに返事を書いているうち、誰が味方で誰が敵なのか、精神状態がだんだん不安定になってきました。

　応援してくれるネット仲間も、昔からの友人や夫までもが、ハンドルネームを変えて書き込みをしているのじゃないかと思ったり、買い物や食事に行けば、周りにいる人の目が気になって、みんなが私の話に聞き耳を立てるスパイではないかと疑ってしまったり。

　ほんとうに、何が本当で、何が嘘なのか、だんだんわからなくなってきました。

　みなさんからいただく情報によって、ニセモノを本物と偽って販売し利益を得ている人の裏には、勇気を出して販売者にクレームを付けたのに逆に脅されたり、ひどい言葉を投げつけられて傷ついている人がたくさんいることがわかりました。

　あれこれ思い悩んだ末、やっとの思いで警察や消費者センターに相談しても「これくらいの金額で済んだのだから、勉強になったと思って諦めなさい」とたしなめられ、人間不信に陥って苦しんでい

る人などがいることもわかってきました。
「ダマされた自分自身が情けなくて、家族にも友だちにも相談できなくて、当てもなくインターネットを彷徨い、やっとの思いでここにたどり着きました」というような書き込みをくださる方もたくさんいます。
　ニセモノを本物と偽って販売しているこれらの『業者』は、このくらいの金額なら、ほとんどの人が、「警察に被害届けを出さないで泣き寝入りするだろう」とか、「警察に届けても、相手にされないだろう」と見込んでコピー品を販売しているに違いありません。

そして、『このくらいの金額』を、何百何千の人からむさぼり取ることによって、それが莫大な利益となって私腹を肥やしているのです。だからこそ、許せない！　妥協できない！

「たかがブランド問題で」、「そんなつまらないことに、いつまでこだわっているの？」、「呑気な主婦だね」。そんな声も聞かれます。テレビや新聞のニュースでも、ニセブランド問題は、大して話題にもならない小さなことです。
　確かにこの問題は、私たちの生活や命に直接関わってくる事件ではないでしょう。だからと言って、こういう小さな問題を見すごしてしまっていいのでしょうか？
　こういう小さなことの積み重ねこそが、ブランド品だけではなく、インターネットショッピング全体に、そしてそれに連鎖して、インターネット環境に悪影響を及ぼしているように思えます。
　私は、この小さな犯罪の積み重ねこそが青少年を巻き込む大きな犯罪に結びついているように思えてならないのです。
　小さなことでも、悪いことは悪い。誰も目を向けない小さなことだからこそ、なんとかしなければいけないのです。
　一人で闘っているうちに、なぜか心は孤独で、気分はブルーになるばかりでした。

第6章

仲間たちが
集まってきた

> なんだかむなしいなあ。何をやっているんだろうと我に返る。「ネットで物を買うのは、そういうリスクはつきもの。それを分かって買っているんだから仕方ない」と夫は言う。
>
> 確かにそうかもしれない。ダマされた自分が悪いと思って、もうネットで物を買わなければ、二度とダマされることはないだろう。それもわかるし、妥協したほうが自分が楽になれることも知っている。でも、それでいいのかなあ。
>
> 私たちは単純に買い物を楽しみたいだけ。こういうやり方は、ネットだけじゃなく、本当にあちこちで行われている。だまっていることが良いとは思えない。でも、ちょっと疲れてきた。なんだか空しい。

■仲間って素晴らしい！

「悪徳業者は許さない」と自分自身が起こした行動なのに、見えない圧力が私の行動を否定しているようで、夜一人でパソコンに向かっていると、何ともいえない孤独感にさいなまれました。

掲示板に書き込まれる言葉に驚いたり、傷ついたり。「でも、負けてはいけない」何度もそう自分に言い聞かせました。

毎日ホームページの更新を続けていくうちに、気がつけば、いつの間にか私の周りには、フォローをしてくれる人たちがたくさん集まっていました。

掲示板のひどい書き込みに勇敢に反論してくれたり、私に代わって難しい質問に答えてくれたり、ときには私を慰めてくれたり。「どこまでも一緒に！」と協力を申し出てくれる仲間が、一人ひとりと現れていたのです。

『スイミー』って知っていますか？
　レオ・レオニ作の子供の絵本です。小学校の教科書に出てくるお話なのですが、私はこの童話が大好きです。

　小さな黒い魚のスイミーは、仲間たちと一緒に海で楽しく暮らしていました。
　ところが、ある日、大きな魚がやってきて、仲間たちがみんな食べられてしまいました。
　あとに残されたのはスイミーだけ。淋しくて、悲しくて、辛くて……。一人ぼっちで長い長い時間が流れました。
　それでも、ようやく、深い悲しみから立ち直ったスイミーは、新しい仲間を捜し求めるのですが、小さな魚たちは大きな魚に脅えて、一匹たりとも岩陰から出て来ようとはしません。
　そこで、スイミーが考え出したのは、小さな魚一匹一匹が群がって、大きな魚に負けないくらい、大きな大きな魚の形になって泳ぐこと。
『ぼくが目になろう！』
　岩陰から小さな魚たちが出てきて、スイミーの周りに群がりました。真っ黒なスイミーが大きな魚の目になります。
　そして魚たちは、みんなで力を併せて、大きな魚よりもっともっと大きくなることによって、互いを守りあいながら広い海の中を自由に泳ぎまわれるようになったのです。

　私たち一人ひとりの力は小さくて、叫ぶ声も届かないかもしれない。でも、みんなで力を合わせれば、何かが出来る、必ず何かが動きはじめると思いました。

■一人はみんなのために。みんなは一人のために

　お金も大事。仕事も大事。でも、それよりもっと大切なのは仲間です。

　人生は山あり谷あり。長い人生の中には、嬉しいことも悲しいこともたくさんあります。私たちの人生は、もしかしたら喜びよりも苦しみの中にいるときのほうが多いのかもしれません。

　なだらかな坂なら、一人で登り切ることが出来るかもしれない。でももしかしたら、重い荷物をたくさん抱えて、長くて険しい山道を登り切ることは出来ないかもしれません。

　運よく登り切ったとしても、途中で荷物を投げ出したり、足や腰を痛めたり、日の出を見ようと登り始めたのに、到着したら太陽がてっぺんで照りつけていたということもあるかもしれません。
「もう、ダメかもしれない」。そう思ったとき、誰かが少しあと押ししてくれたり、重い荷物を半分だけ持ってくれたり、「もうちょっとだからがんばろう！」と声をかけてくれたなら、どれほど苦しみが和らぐでしょう。

　ホームページでニセブランド問題を訴えていくにしても、ネット環境の改善を訴えていくにしても、大きな問題を解決していくためには、やっぱり仲間は必要です。

　被害者探しを始めて、一番最初に連絡をくれたオーさんは、「こんなやりかた許せない！」と楽天に連絡を入れてくれたり、「ホームページに掲載して」と自分が持っている直営店で購入したグッチのバッグとナンバーワンツーで買ったバッグの比較画像を送ってくれました。

　開設してまもなくのころは、不安がいっぱいでオーさんの「リボン、ガンバレ！」という書き込みにどれほど励まされたか……。

　そんなオーさんとは、ブランド品のことばかりではなく、家族の

ことや身体についての悩みなど、いろんなことをメールで話しました。

　そしてルビーさん。自分が被害に遭ったわけでもないのに、強い正義感でいつも私をフォローしてくれます。
　思い立ったら即行動。どんな攻撃にも弱音を吐かない彼女に、私はいつも勇気づけられます。あまりにも正義感が強すぎて、ときには掲示板でニセモノ業者とバンバンやりあってしまうこともありますが、またそこが彼女の素敵なところです。
　実は、彼女はプロの占い師です。占い師としてもいい仕事をしているに違いありません。きっと彼女から勇気をもらっているのは、私だけではないはずです。

　それから、私と同じようにナンバーワンツーから被害を受けたミンさん。大変な問題に直面すると、「どこまでも一緒に！」と、力づけてくれます。
　勘が鋭く、些細なことも見逃さない。彼女の集める情報は的確です。陰でホームページを支えてくれる彼女の力はほんとうに偉大です。ちなみに彼女のお父さんは元警察官。彼女を見ていると、お父さんが現役の警察官だったころの働き振りが目に浮かぶようです。

　そして、こうめさん。私がオークションに出品していたときに購入して頂いたお客様です。何度かお取引きがあって、その後、ナンバーワンツーのことでトラブルになっているのを知って、「私も手伝わせて！」と協力を申し出てくれた人です。
　彼女も血の気の多い、おせっかいさん。グループ唯一の独身女性です。

オーさん、ルビーさん、ミンさんは三人揃って東京在住。こうめさんは長野。そして、私は大阪です。

　インターネットがなければ、絶対に接点のなかった私たち。本当に不思議です。「協力します！」と次々と現れた人たちが、いつも私を支えてくれる仲間となって……。

　彼女たちさえいてくれたら、どんなに険しい山道も登り切ることが出来るに違いありません。仲間って本当に素晴らしいです。

第7章

ハイテク警察って何？

被害を受けた人からの相談は増える一方です。途方に暮れていた私は、この事件を警察に通報することを考え始めました。でも、警察ってこんなちっぽけなことで簡単に動いてくれるとは思えません。
　メールをくださった方の中には、警察に相談しても、ちゃんとした対応をしてもらえなかったと言われていた方もあります。
　それに、警察に通報するなんて、なんだかこっちまでいろいろ追求されそうで、「すぐさま通報！」という気分にはなれません。
　通報しようか、するまいか、何か良い方法はないものかと……。

■ハイテク警察に通報！

「でも、どこへ？」
　被害に遭ったら居住地の警察署に届けるのが基本です。ところが被害者は九州から北海道まで全国に及んでいます。
　ダマされたそれぞれが居住地の警察に通報していたのでは、被害の大きさはわかりません。
　大阪府警？　警察庁？　警視庁？
　インターネットをあちこち検索しているうちに、ハイテク警察のホームページにたどり着きました。
「ハイテク警察ってなんだろう？」
　これまで、ハイテク警察なんて聞いたこともありませんでした。私は、ハイテク警察のホームページを隅から隅まで読んでいきました。

ハイテク警察とは、簡単に言えば、インターネットを利用した犯罪に対応する警察だそうです。
　たとえば、インターネットを使った詐欺とか、恐喝。売春、ポルノ。不正アクセスやコンピューターウイルスに関連する犯罪など、コンピューターに関連する様々な犯罪への対応や予防などに取り組んでいるところのようです。
「真剣に話を聞いてくれるだろうか？」
　何日か思いあぐねた末、勇気を出してグループであることを説明して相談してみることにしました。
　そしていろいろ思い悩みながらも、ナンバーワンツーの地元、徳島県警のハイテク課にメールを入れてみました。

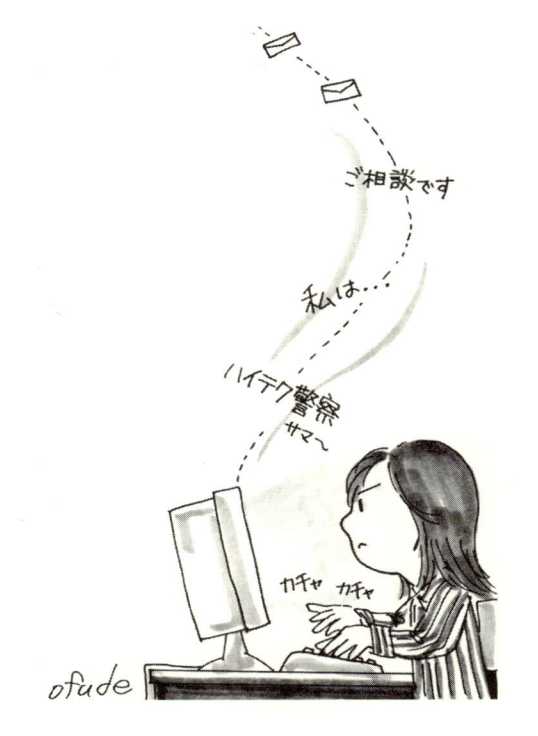

第7章　ハイテク警察って何？

> 突然失礼します。大阪在住の女性です。
> 先日、楽天フリマオークションでティファニーの商品を購入しましたが粗悪なコピー品のようです。
> 調べてみれば他にも同じ出品者から被害に遭われた方が多数おられます。
> 居住地の警察に届けようかとも思いましたが、被害者が全国に及びますので、出品者の発送元である徳島県警にメールを送らせて頂きました。
> どうすればよいかアドバイスを頂けたらと思います。
> 宜しくお願いします。

　メールは送りましたが、どうせ返事が来るまでには時間がかかるでしょう。もしかしたら返事ももらえないかもしれない。

　そうとは思いながら、送信した画面を見ていると、1通のメールが届きました。差出人は徳島県警です。

　メールには、「あなたの住所と名前、電話番号を教えてください」と書いてあります。

　びくびくしながら恐る恐る返事を送ると、またたく間に自宅に電話が入りました。

「徳島県警、生活防犯課の刑事です」
「どういう状態かくわしく聞かせてもらえますか」

　いきなり警察から電話が入り、心の準備ができていなかった私はしどろもどろ……。

　どこで何を買ったのか、なぜニセモノだと思ったのか、被害者は他にもいるのか、息をつく間もなく次々に質問を繰り返す刑事さんに、聞かれるままに答えていきました。

　声はうわずって心臓はドキドキ。夫に告白されたときの、あのド

キドキ以上？？　まさにパニック状態です。

■ヘッダーって何よ？

　予期していなかったハイテク警察からのメールの返事。そして刑事さんからの突然の電話。興奮して何を話したのか覚えていませんけれど、いろいろなことを話したように思います。

　しばらく話したあと、刑事さんからナンバーワンツーと交換したメールが残っているなら、他の被害者からのメールと一緒に送って

第7章　ハイテク警察って何？

欲しいと指示されました。

　もちろん、ナンバーワンツーとやり取りしたメールも、相談を受けた被害者からのメールも残してあります。私は急いで、それらのメールを徳島県警のハイテク課に転送しました。

　それから、10分も経たなかったでしょう。「受信しました」とハイテク警察からメールで返事があったと同時に、すぐさま刑事さんから電話です。

「転送だと相手のヘッダーがわからないので、ナンバーワンツーから来たメールのヘッダー部分を送ってください」

「はい。わかりました」と返事をしました。ただ、返事はしたものの、「ヘッダーって、何よ？？？」。

　ヘッダーなんて、そんなへんてこりんな言葉は聞いたこともありません。初めて聞く言葉に戸惑いながら、ナンバーワンツーから送られて来たメールを見ても、ヘッダーがどこについているのかさっぱりわかりません。

　刑事さんに電話をして聞くのも恥ずかしいし、取りあえずインターネットで検索してみることにしました。

　ヘッダーがメールの裏に隠れている相手のアドレスやプロバイダーなどの大切な情報を入手できるものということまではわかりましたが、それがどこにあるのかまではわかりません。

　恥ずかしいけれど仕方がないのでハイテク警察にメールを書きました。

「インターネットの初心者で、ヘッダーがどこにあるか見つけられません」とメールを送りました。

　しばらくするとハイテク警察から、「送られて来た相手のメールを、まとめて添付ファイルにして送ってください」と返事がありました。

　またまた疑問です。添付メールってどうやって送るの？

悪戦苦闘してナンバーワンツーからのメールをまとめて１通のメールに添付しようとしたのだけれど、まったくうまくいきません。
　仕方がないので、保存していたメールを１通１通添付ファイルにして送信しました。添付しては送り、添付しては送り、４〜50回は同じことを繰り返したと思います。
　こんな簡単なこともわからずに、インターネットをやっていたんですね。

■電話番号も住所も架空

　メールや掲示板に寄せられた情報を刑事さんに送ったのち、それに加え商品に付いていた代引き伝票をデジカメで撮って、その画像をメールに添付して送りました。
「発送元の住所と電話番号の市外局番は違いますね。これはＤ町の市外局番ではなく、徳島市のものですよ。NTTにも問い合わせましたが、この電話番号に該当するものはないようです」
　と、刑事さん。
「ええっ？　そうなんですか？」
　住所と電話番号の市外局番が違うなんて気づきもしません。驚いて楽天サイトに残っていた取引き画面を確認してみると、伝票に記載されているものと違うことに気がつきました。
「楽天に登録されている住所と電話番号は、伝票のものと違います」
「わかりました。では、そちらのほうも調べてみましょう」
　刑事さんはそう言って電話を切りました。

　数日後、担当の刑事さんから電話が入りました。
「楽天に登録された方の住所に行ってみたんですがねえ……」
　ゆっくり話し出す刑事さんの言葉に、まさか？　架空の住所？と一瞬不安がよぎります。

「大きな倉庫がありました。情報に寄せられていた名前の看板も掛かっていました。ここは前に泥棒に入られたことがあったようで、中にブランド品がいっぱいあったのを警察で確認しています」
「そうなんですか！」
　まるで刑事ドラマを見ているようです。いえいえそれどころか、自分がサスペンスドラマの場面に入り込んでしまったような気分さ

えします。
「何か、新しい情報があれば警察の方に連絡をください」

■メンバーパワー全開

　徳島県警に情報を提供すると同時に、警察の捜査もどんどん進んでいきます。

　警察の調べで、私がメールを交換していたナンバーワンツーの美加さんが架空の人物であったこともわかってきました。

　ニセモノを売っていた相手とはいえ、美加さんから最後にもらったメールに「体調を崩していました」と書かれていたのを読んで、そこまで追い詰めたのは「もしかしたら私のせい？」とずっと気になっていたのです。

　実在しない人物と聞いて、肩の力が抜けて急に楽になりました。では、なんとかわかってもらいたいと必死で送っていたメールは、いったい誰が読んでいたのでしょう？　そして、私にメールをくれていたのは？？？　あれはいったい誰だったのでしょう？

　この世に存在しない人物と取引きをしていたのかと思うと、本当に妙な気分です。

　この話を聞いて、居ても立ってもいられなくなった私たちは、警察に情報提供をするために、新たな被害者を探し出すことにしました。

　私が評価をたどって探し出したのは、たった一つの出品者の分です。関連があるとわかった10ほどの出品者から被害者を探し出すのは並大抵のことではありません。

　そこでルビーさんとこうめさん、そして私の三人がこれらの出品者を振り分けて、被害者探しをすることにしました。

　私たちは、それぞれ一日の仕事を終えた後、真夜中に一つひとつ

評価をたどり、連絡がつきそうな人を見つけてはメールを送るという作業を続けました。

苦労をして見つけた相手にメールを送っても、喜んでくださる方ばかりではありません。迷惑だと怒る方もあるし、「コピー品とわかって購入しているのだからほっておいて」と言われる方もいます。

中には意味不明の長い長い返答が返ってくることもありました。

ルビーさんとこうめさん、そして私。返って来たメールの内容に

傷つきながら、何度お互いを慰めあったことか……。
　それでも何とか気を取り直しては、探し出した被害者を一つひとつ、刑事さんに報告していきました。
　そして刑事さんが事情を聞きたいと言われた分には、再びメールで捜査に協力頂けるようにお願いし、それに対して協力をして頂けるという返事がもらえたら、それをまた刑事さんに報告するという忍耐のいる作業を繰り返していきました。
　小さな子供がいて、なかなか時間が取れないミンさんは、持ち前の勘の鋭さで、名前を変えて出品を繰り返す業者を、出品画像から次々に探し当てていきます。そして、またそれを警察に報告です。
　連日連夜、徹夜で探し出す私たちの情報量は数え切れないくらい膨大な量になっていました。
「もしかして、私たちって探偵以上じゃない？」
「刑事にだってなれるかも？」
　肩が凝るだけで何の得にもならないこんな作業。よく協力してくれる人があったものだと、今でも思い出すたびに感激してしまいます。
　ボランティアで協力してくれている仲間たちに、感謝！　感謝！

■ zaq…、zaq…、zaq…

　開設して間もなくは、アクセスカウンターの数字しか目に付きませんでしたが、ある日、楽天広場の編集ページからアクセス記録表示を確認できるということがわかりました。
　最新の訪問者のハンドルネームかドメイン部分、直近の50件が確認できるのです。でもこのアクセス記録、どこかおかしいのです。
　いろいろな方が訪問してくださっていると思っていたのに、記録には不気味なほど同じドメインばかりがずらっと並んでいました。

しかも、それは ocn.ne.jp とか、bbtec.net とか、dion.ne.jp などのポピュラーなものではありません。zaq…、zaq…、zaq…
「これって、美加さんのメールアドレスに使われていたドメインと同じじゃない？」
　メールを調べてみるとやっぱり同じです。耳慣れない zaq をインターネットで検索してみると、京阪神の一部の地域でしか使われていないケーブルテレビサービスのプロバイダーだということがわかりました。
　ごくわずかの人しか利用者していないはずのドメインが、繰り返し繰り返し、まるで私の行動を監視でもしているかのように、来る日も来る日も、zaq…、zaq…、zaq…。
　朝も昼も真夜中も、24時間。zaq…、zaq…、zaq…。
　ふと気がつくと、あの嫌がらせの書き込みも、zaq のドメインがついているではありませんか！
　たくさんの方から忠告頂いていると思ったら、実は同じドメインからの書き込みが幾つもあったのです。
　おまけに、訪問してくださるみなさんに、感謝の気持ちを送ろうと、キリバン記念をすると、22222番も、23456番も、30000番も、70000番も、zaq が踏んでいます。
　キリバンの間際になると、ほかの方がキリバンを踏むのを妨害するかのように、いつもにも増して、ガガガ！　とものすごい勢いで zaq がアクセスしてきます。
　zaq…、zaq…、zaq…、zaq…、zaq…、zaq…
　ストーカーに追い回されているみたいで、最初はノイローゼになりそうな気分がしていましたが、ここまでくると、ひょうきんにも、かわいくも見えてくるから不思議です。
　逆に zaq の文字が見られないと何かあったのかと、かえって心配になったりして……？

第8章

エスカレートする脅迫

「ママ、やめて！ 殺されたらどうするん？」。ホームページを運営し始めて間もないころ、毎日のように息子に言われた言葉です。

　私ってオープンと言うのか、単純と言うのか、まあ簡単に言うと『馬鹿』なんでしょうね。仕事も家も遊びも隔てて考えることが出来ないし、ごちゃ混ぜ状態。見たままの人間で、隠しごとが出来ないタイプ。子供にもやっていることが丸わかりです。

　夫だけではなく子供たちからも、私が動くたびに「今度は何をやるの？」と呆れられている始末です。夫はハラハラしながらも良き理解者でいてくれますが、子供たちにはまだ母の実態が理解できないようで、このページを運営することにも散々反対されました。

■ママが死んだらボクらはどうなるん？

　そんなこんなで運営を続けていく中で、極めつけだったのは掲示板での脅しです。関わりのあった業者の人からの書き込みだとは思うのですが、次々とニックネームを変えて書かれる書き込みは、誰が書いたか判断ができません。

　最初のころ、よく書き込みをしてくれたのがセリママさんという女性と思われる方です。

　何でも彼女もコピー品を落札されたことがあったようで、私と同じようにクレームをつけてから、東京の怖い暴力団に、脅され続けたということが書いてありました。

　ご主人の職場や、住んでいた家にまで脅しに来られ、その町には住んでいられなくなって、引越しをせざるを得なくなったというの

です。警察は助けてなんかくれないし、怖い思いをするのは家族。だから危ないことは止めなさいと……。

ご無沙汰でした。　　　　　　　　　　　　　　　　　　セリママ
実家の母の具合が悪くてしばらく帰っていました。今日、久しぶりに帰ってきてリボンリボンさんのＨＰを見てビックリです。前にお話したと思いますが、私の対立した東京の某業者ですが、cottonnさんがこのページでおっしゃっている事と全く同じ事を言われました。リボンリボンさん、私が心配しているのは暴力とかではないんですよ。暴力を振るわれたのなら、警察にも届けられます。そうではなく、警察が動く様なことはしてきません。でも、うちの家の家族構成、主人の勤め先、子供の事、全て調べてからいろんな手を打ってきます。私たちが引越ししたのは、もし子供に何かあってからでは遅いと主人と話し合ったからです。リボンリボンさん、本当に気を付けて下さい。あんないやな目に遭うのは私だけで十分です。

しらねーよ　　　　　　　　　　　　　　　　　　　　×××
リボンリボンさん　あんた　個人情報出回ってるよ。
気を付けないと。やばいよ。怖くて見てられないよ。
ほんと知らないよ。ここ見に来てる人も気をつけないと
ホントヤバイよ。東京の方でいろいろと・・・・

　東京の暴力団、東京の暴力団と何人もの人が再三書いてくださったのですが、初めはドキッとしたけれど、『東京』『東京』と何度も書かれるうちに、どこかおかしいなと思うようになったのです。
　ある意味、自分が関西であることをカモフラージュするかのようにも見えてきます。でも、子供にはそんなことはわかりません。

「また、こんなこと書かれている！」
　と夫に話していたのを横で聞いている息子は、
「ママ、そんなことして殺されたらどうするん？」
「ママが死んだらボクらはどうなるん？」
　と、いつも泣きべそ状態でした。
「大丈夫！　何もないって。ママは怖いものなんかないから」
　と子供には平静を装いながら答えます。でも正直子供のことを思うと、ふと不安になることがあったのも事実です。

　掲示板の書き込みが気になって、刑事さんに相談すると、
「この手の事件ではそんな脅しはまず心配ないですよ。どうしても不安なら、電話をすればいつでも地元の警察が駆けつけてくれるよう連絡しておきましょうか？」

と心強いお言葉。

日が経つにつれ、この手がだめならこっちの手ということか、脅しがダメだと思ったのか、書き込みもだんだんエスカレートしてきます。

お説教から始まった書き込みは、暴力団を連想させる脅し、そして次には脅し言葉だけではなく私の個人情報まで書き込まれるようになってきました。

> 始めましてプリンプリンです。今まで沢山の人がリボンリボンさん(○○○○○○)による被害を受けていると思いますが、今日は彼女の正体の一部をあばきましょうか
> だけどダンナの○○○さんも○○生の娘さんも○○生の息子さんも、実のママが一市民を脅迫しているのを知れば、悲しむでしょうね。
> ○○市○○○でそんな犯罪行為をしている人がいるのは悲しいです○○○消防本部にいるダンナさんも本当に大変ですね
> ところで、○○5○○4○−○1また深夜、早朝、見てねバイバイ。。。(1月15日14時26分)

注)○の部分は実名と実際の数字です

コメントは何も書かずに私の住んでいる地域とか、家族構成、そのうちに夫の勤務先名を書き、同僚のフリをしてお説教まで書かれました。それから夫の名前。

とうとう最後には、丁寧にも夫と私の車のナンバーまで書き込む始末。

ただの一度も訪ねてくることはありませんでしたが、これだけの情報を調べるには、きっと何度も我が家の前まで足を運んだと思います。

「リボンリボンさん、大丈夫?」

　この書き込みに驚いたのは、私よりもメンバーであるルビーさんとミンさん。二人とも慌てて電話をかけてきてくれました。心配して二人が刑事さんにメールや電話で連絡を入れてくれたようで、通報を受けた刑事さんからすぐに電話がかかってきました。

　掲示板の書き込みが脅迫罪に当たる可能性があるとのことで、書き込みやログを残しておくように指示をされ、すぐに警察からも楽天に情報開示請求が行われました。

　みんなの心遣いに、世の中って捨てたものじゃないなあと、そんなことを思って、書き込まれながらも幸せいっぱいの気分でした。そんなふうにして何か問題が発生するたびに、確実に私たちの絆は、より強くなっていきました。

■アクセス解析って？

　脅しを受けたときに、警察の方にもアクセスログを残しておくように言われたのですが、掲示板荒らしもアクセスログをうまく利用すると、ある程度荒らしをしている相手の情報が入手できる場合があります。

　パソコンの設定によっては、ログが残らないものもありますが、大抵は、アクセス解析をホームページに付けることで悪質な書き込みをした人のログを解析することが出来るようになります。

　掲示板で書き込み名を次々に変え、複数に見せかけていたとしても、ログを見れば同じという場合もありますし、過去にメールを受け取った相手とログが一致して、同一の相手とわかる場合もあります。利用するサービスによっては、書き込み者が使用しているパソコンの種類、ブラウザ、設定されている画面、初回訪問の日時秒まで記録が残ります。

　一見異なるアクセスかと思うときもありますが、それらが同じパソコンからのアクセスであると判断してくれるサービスもありますので、どうしてもアクセス解析が必要になったときは、使い勝手の良いものを選んでくださいね。

■連携プレイ？？？

「ママは怖いものなんかない」と子供たちには言っているものの、相手の業者が我が家の前まで何度も来ていると思うと、気持ち悪いものです。

　刑事さんは相手がどういう人物かわかっているようで、心配ないとは言ってくれるのですが、それを100％信用するところまではいきません。

　特に夫が泊まりの晩などは、何か起こったら、自分一人で子供

たちを守らなければならないと思うと、なかなか寝付けない夜も……。
　そんなある晩。事件は起こりました。

　12時前に子供たちと一緒に寝室に上がり（パパが仕事の日は子どもと三人で寝ます）、1時ごろテレビを消してウトウトし始めたとき、ガタガタ、ドンドンと階下で物音がします。ビックリして飛び起きると、目を覚ました娘が「何？　怖い」。
　耳を澄ますと、ザクッ、ザクッと家の周りを誰かが歩いているような音。「ちょっと下を見てくる」と言うと、「私も行く」と娘もついて来ました。

　2階から、「誰っ？」と大きな声で叫んでも返答はありません。
　階段を降りると、再び玄関のドアをガタガタと揺する音。
「わ〜っ」と不安そうな声を出す娘。
　もう一度、「誰っ？」とドアに向かって声をあげると、ドアの向こうから主人の声です。
　慌ててドアを開けると、「なんや、なんや、どうしたんや？」と足元をふらつかせながら、たじろぐ夫の姿。私の手には竹刀。後ろに続く娘の手にはしっかり電話の子機が握られていました。
「ちょっとおー、いいかげんにしてよー。どうしたんやじゃないでしょう……」
　今夜は泊まりだったはず。夜から仕事を休んで飲み会に行くなんて聞いていませんでした。
　夫に言わせると『消防団の人との研修』らしいけど、飲みすぎて足元フラフラ。前夜も『○○会』と名前のついた仕事？　を警察の人として夜中に帰って来たじゃない……。
　呆れて娘と顔を見合わせた後、玄関に夫を置き去りにして寝室に

戻りました。
「ああ、びっくりした。でも泥棒だったら玄関からなんて来ないよねえ」と娘。そりゃそうだ。
　剣道なんて縁のない私がベッドの側に竹刀を置いていたことに娘は驚いたようだけど、ちゃんと電話を握って後ろから付いてくる娘にも逞しさを感じました。素晴らしい連携プレイ。
　夫は連日の夜の会議や研修で悪酔いしてソファに寝ていたけど、娘と私は興奮してその晩は眠れませんでした。

■甲斐犬『銀』参上！

　家の周りをウロウロしている人がいると思うと、それだけでも心配になりますが、ちょうどそのころ、近所に立て続けに泥棒が入りました。お隣も、斜め向かいのお宅も、息子の友だちの家も、娘の友だちの家も。パッと見渡せば、あそこもここもという状況です。
　私の心配はますます募ります。やっぱり夜は安心して眠りたい。よくよく考えてみると、犬を飼っているお宅は泥棒に入られていませんでした。
「これは、もう絶対に番犬を飼うしかないよ」
　家族と話し合って、我が家も庭で番犬を飼うことにしました。

　どんな犬を飼おうかと検索するのに、またインターネットが登場です。今やインターネットは、我が家の必需品なのです。
　犬の種類、大きさ、性質など、いろいろ考えて、「絶対にこの犬！」と決めたのが猪犬の甲斐犬です。
　真っ黒な身体で、夜の暗闇の山中で「ワン！」とも吠えずに、いきなり猪に飛びかかる猟犬です。現在でも猪犬として活躍しているだけではなく、日本犬で最初に救助犬になったのも甲斐犬だそうです。
　毎晩、毎晩、甲斐犬の情報が掲載されている、あちこちのホームページを検索して、期待はますます膨らむばかり。
「なんて素晴らしい犬なんでしょ！」
　そして、不審者侵入かと大騒ぎした事件から2か月後、インターネット経由でブリーダーさんにお願いして、甲斐犬を譲って頂くことになりました。
　甲斐犬、銀の登場です！

第9章

掲示板荒らしと仲間たち

> 脅しや批判、中傷。当事者からの妨害か、同じようなニセモノ業者の嫌がらせなのか、興味本位の第三者の行動なのか、好意的な書き込みと共にやってくる嫌がらせ。そしてまた新たな嫌がらせが……。

■掲示板荒らし？

「え？？」

いつものようにホームページを開いて、一瞬自分のホームページの掲示板ではないのじゃないかと目を疑いました。

そこにあるはずの、みなさんからの書き込みが全部消えています。あるのは『aaaaaaaaaaaa』とaだけの文字。

掲示板が、ただそれだけで埋め尽くされているのです。

せっかくみなさんが書き込んでくださった60件に及ぶ情報や相談が、意味のないaの文字で、すべての情報が消されてしまっているのです。

慌てて書き込まれたaの掲示板を削除してみました。でも、消されてしまったみなさんの書き込みは元には戻りません。誰かが『aaaaaaaaaaaa』を書き込んだために消えてしまったのです。

掲示板は保存できる件数が決められているので、新しい書き込みがあると、古いものから消えていきます。それを悪用して誰かがaの文字を繰り返し書き込んで消してしまったのです。

「なんてことするの！」

私はパニック状態になりました。

「どうして？」

何をしていいかもわかりません。体中の力が抜けてしまい、立ち

上がる気力さえ失くしてしまったのです。

　脅しや批判、中傷など、それまでいろいろなことを書き込まれました。でもそんな書き込みより、それより何より、この書き込みには大きな打撃を受けてしまいました。

　ショックでショックで涙が溢れてしまいました。

正直、この掲示板荒らしは、私にとってはニセブランド品でダマされたことより、掲示板で脅しを受けたときより、数十倍、数百倍ものも大きな打撃でした。
　どんなことを書かれても学ぶものや考えるべきことはあると思います。でも、理解できない記号や文字で、みんなの書き込みまで消してしまうのはとっても卑怯な行為。
　どんな厳しい言葉でもいい、理解できる言葉での書き込みなら、落ち込むことはあっても許せます。でも、言論の自由を奪うような卑劣な行為は絶対に許せません。
　私がショックを受けているのを知って、「みんなで書き込みをして、少しでも早く掲示板からaaaの文字を消しましょう」と掲示板で呼びかけてくれる人がいました。
　みんなで書き込みをすることで『aaaaaaaaaaaa』を排除しようとしてくれたのです。たくさんの方が心配して見てくれていたのです。
　書き込みをしてくれたことのない人、普段私のページでは話題にならないようなことも、みんながみんな、たくさんたくさんの書き込みをしてくれたおかげで、またたく間に掲示板からaの文字は消えていきました。
　でも、何を考えているのでしょう？　やっと立ち直ったある日のこと、今度は『＠＠＠＠＠＠＠』の書き込みで掲示板が埋め尽くされていました。
「ほんとに、なんでこんなことするの！」

■言葉を封じることは許せない

　ホームページを持っている方から、掲示板荒らしについて何度か

相談を受けたことがあります。

　荒らしには、他にもいろいろなやり方があります。掲示板に嫌がらせや脅しを書く。匿名で嫌がらせのメールを送る。ストーカーのように、日記を更新するたびに、本人がうんざりするようなコメントを送り続ける。

　もっと悪質なIDやパスワードを入手して他人のホームページに侵入して、画像を盗んだり張り替えたりする。

　日記を消したり、書き換える。ほかにも間接的な方法として、あることないことを巨大掲示板である2チャンネルに書いて圧力をかける。これらの荒らしによって、泣く泣くホームページを閉鎖したという方もいます。

　私のやっているようなホームページは、業者などからの嫌がらせにあうことも覚悟しなければならないのかもしれません。でも、単純にホームページでコミュニケーションを楽しんでいるだけの方までも嫌がらせを受けることがあるのです。何とも理解に苦しみます。

　私がホームページを立ち上げたのは、ニセブランド問題について、みなさんと掲示板やメールを利用して、情報交換をしたいと思ったことがきっかけです。

　そして、今もこうして運営を続けているのは、増え続けるインターネット犯罪に関する大切な情報を、このホームページから社会に発信していくことに意義を見出したからです。

　ここに、みなさんから寄せられる情報や、ここから発信する情報は、普段私たちの目や耳に触れることのないものがほとんどです。

　ヤフーや楽天などのショッピングサイトや、公的ページでは公開されることのない事件や問題を、被害を受けた方から生の声で聞くことも出来ます。

　被害にあった方が自分の体験を通し、困ったこと、辛かったこと、

ためになったこと、自分が乗り越えてきた経験などを公開し、それらの問題を掲示板で一緒に語り合うことによって、私をも含む多くの方が救われてきたことは言うまでもありません。

インターネット上で意見を交換したり、情報を発信することで、私たちは、場所や立場が違っても、同じ情報を共有出来るのです。

インターネット上の掲示板は、小さな子供も、若い人も、年老いた人も、重い病気で入院されている方も、お金のある人も、ない人も、誰でもが同じラインに立ち、自己表現が出来る場なのです。

『言葉は、自分を表現する大切な武器』

うまく使えば、お金や力を使わなくても、銃や戦車にも勝る力強い武器になるのが『言葉』です。

そしてインターネット上でなら、誰でもが文字を使って、自分の主張をアピールしていくことが可能なのです。

誰もが同じ考えなら、争いはおこりません。人それぞれ環境や立場が違うと、ものの考え方も変わって来ます。

それは当たり前のこと。考え方は違っても、互いに意見を述べあって、ぶつかったり、悩んだりすることで歩みよっていくことは出来るはずです。

ところが互いの意見を述べ合う以前に、暴力的な言葉を使って、他人の考えを押しつぶそうとする人もあれば、真実を覆い隠そうと虚偽の事実を生み出したり、今回のように意味のない記号や文字で、他人の言葉を塗り潰そうとする人がいます。

そんなことをしたって、何一つ解決しません。

相手がアピールしていることを間違いと思うなら、言葉で自分の考えを表現していくほうが、ずっと力強いし、かっこいいと思いますよね？

もちろん、戦車にも勝る、このかっこいい武器は、これを読んでくださっている、あなたも持っているのです。

インターネット上でなら、あなたの言葉で、あなたの思いを社会にぶつけていくことが出来るのです。
　私は、この言葉というすごい武器を使って、これからもインターネット上で繰り広げられる様々な問題と闘いながら、情報発信していきたいと思っています。

■変わり行くヤフー、でも……

　一時は、コピー品問題に積極的に対応してくれているかに見えた楽天。そんな楽天も事業を拡大していくほどに、消費者の声が届かなくなってきました。
　荒らし問題で相談しても、IDの件でクレームをつけても、違法出品情報を送っても、定型文をコピーして送ってくるどころか、返事さえも返ってこない。被害届けを受けた警察からの問い合わせも、すぐには応じてくれないという噂もちらほら……。

（リボンリボンのブログより）

> ルビーさんとpayneさんが楽天に違法出品者の報告をしてくださったようですが、何の返答もないようです。
> ブランドランキング1位に紹介されている出品者から被害を受けたという情報を複数頂いているので、その件でもメールを送ったのですが、そちらも未だ返事を頂けません。
> アクセスや問い合わせが増えて忙しいのはわかるけれど、それだけ利益も上がっているってことでしょ。
> 一応プロの専任スタッフもいるはずだし、それでも対応できないのなら早く増員したほうが良いのじゃないかなあ？

　その反面、悪の巣と噂されたこともあるほど、オークション環境に何の手立ても打っていなかったヤフーが、大きく変わり始めまし

た。
　『トラブルが多数報告されている出品者の振込先口座リスト』を公開したり、トップページに『Yahoo！オークション法律相談室』、『Yahoo！オークションのはじめかた』、『違反申告フォーム』のコーナーを設けるなど、安全対策を前面に出してくるようになりました。
　ヤフーに被害相談をしたという方から、対応がとても良かったという声も聞かれます。
　確かにまだまだ違法出品の数は多いようです。でも何かが変わり始めているように思えます。
　佐々木明さんがヤフーに訪れ、上層部の方と話をされた以後から変わり始めたように思えるのは、私の思い過ごしでしょうか？（なんせ、佐々木明さんの著書『類似ヴィトン』にもヤフーのことはバッチリ書かれていますので）
　『リボンリボンの情報交換広場』で（オークションサイトに関するアンケート）を実施し、その結果を行政機関やオークションサイトに封書で送った時も、楽天からは何の回答も得られませんでしたが、ヤフーからは丁寧な手紙が届きました。
　これらが表向きのポーズだけではなく、本当に安心してオークションが楽しめる環境作りに繋がっていくといいのですが……。
　今、自らを振り返り始めたのかと思えるヤフー。でも、楽天やビッダーズは？？

■株買っちゃった！

（リボンリボンのブログより）

公開しちゃうけど、実は私、楽天の株主です。（たった１株ですが）『みんなで１株買って、株主総会に乗り込みましょう』と、ずー

> っと以前に日記に呼びかけた後、株主総会で本当に発言権を得られるようにと1株だけ購入しました（自分ながらようやるわと思います）。
> ヤフーの株も欲しかったのですが、当時、百数十万もする株はさすがに買えませんでした。
> というわけですので、楽天さん（多分読んでくださっていると思うのですが）、もう少しみなさんの声に耳を傾けてくださらないなら、この声をまとめて持って行っちゃいますよー。
> へそくりのある方は、楽天やヤフーの株を買って『みんなで総会に乗り込みましょう』。安全で快適なオークションサイトを作るために！

　ネットショッピングの素晴らしさを教えてくれたのは楽天。ホームページを運営する楽しさを教えてくれたのも楽天。アットホームで素敵な楽天。こんな素敵なサイトは他にはないと思っていたのに、少しずつ少しずつ楽天が変わって行きます。
　違法出品も増える一方で、私たちの声もだんだん届かなくなって来ました。何とかして、私たちの声を届けたい。どうすれば？？？
「やっぱり、ここは株買って、楽天に乗り込むしかない」
　そう思って株を買ったんだけど、たった一人で乗り込むほどの知恵と勇気がまだ私にはないんですね。どなたか便乗しませんか？
「ついていけないって？」。確かに仰る通りかも……。

■返品交渉の勧め

　私もそうだったのですが、被害に遭うのはインターネットショッピングやオークションを始めて間もない方がほとんどです。ネッシ

ョッピングを始めて、楽しいなと思ったころに被害に遭ってしまうという感じです。
「何でダマされるの？」と不思議に思われる方もいるようですが、オークションだけではなく、どんなことでも慣れないうちはダマされることが多いと思います。
　たとえば初めて入ったレストランで、メニューの写真だけを見て注文したとき、一口食べてみて、「あっ！　これ違う……」って思ったことはありませんか？
　見かけだけで判断するのは難しいですよね。

　オークションもそれと同じです。ニセモノ業者が狙っているのは、そういう初心者です。
　おいしそうな画像で初心者の関心を引くのです。まるでインターネットの環境に慣れるより先に、ダマしてやろうというようにも見えてしまいます。
　インターネット初心者は、ネット環境上では弱者です。ある意味、高齢者などの弱者をダマす『振り込め詐欺』などと似ているようにも思いませんか？　弱者はどこででも狙われているのです。

　ニセモノを売りつけられたという方からの相談が増えてくると、私たちは、被害を受けた方に返品交渉をするようにアドバイスを始めました。
　初めのころは、返品交渉をしても本物だと言い張る業者や、ノークレームノーリターンだから返品は出来ないと渋る業者が多かったのですが、交渉メールに落札した商品と本物比較画像を添付して、疑問に思うところを問い詰めたり、本物であるという証明のインボイスの提示を求めたりしていくうちに、ニセモノを販売する業者も返品交渉を受け入れるようになりました。

やがて、私たちに相談しながら返品交渉をされる方が多かったのが、私のホームページに掲載された書き込みや情報を見ながら、自ら返品交渉をされる方も出てきました。
　そういう状態が続いて来ると、ニセモノを販売している出品者の対応に少しずつ変化が見られるようになりました。

第9章　掲示板荒らしと仲間たち●107

以前は本物と言い張って、断固として返金に応じない場合がほとんどだったのに、「こんなやつらと関わっていたら、埒が明かん」とでも思ったのでしょうか。
　クレームをつけると、「本物ですが、心配だと言われるなら返品を受けましょう」と返品を受け入れる出品者が増えてきました。
　今では、落札したブランド品がコピー品とわかって返品交渉をされた方の６～７割は無事に返金を受けられているようです。
　あとの３～４割の中には、スムーズに交渉がはかどらなくて、諦めてしまったという方もあります。相手が架空の連絡先を使っていたため、交渉のしようがないという場合もあるようです。
　返品交渉をすれば、出品者がスムーズに返金に応じてくれるようになったのは、「私たちが頑張った運動の成果！」と喜んだこともあるのですが、考えてみると、返品されたその商品はまた同じオークションで出品され、新しい落札者に販売されているのです。
　私たちがしていることが、良いのか悪いのか？　悲しいけれど手放しでは喜べないというのが現状です。

第10章

へこんだときも
あったっけ

そんなことをしている間にも時間はどんどん過ぎていきます。『もう少し、もう少し』そのように思いながら頑張って来たのに、事件は一向に解決されません。
　刑事さんに問い合わせても、いつも返事は「詰めに入っていますので、もうちょっと待ってください」と同じ言葉の繰り返し。いつになったら解決するのでしょう。
　時間が経つほどに、私たちと同じ業者から被害に遭ったという人たちだけではなく、それ以外のオークションやブランドショップでダマされたという人からの相談が増えていきます。
　最初は少なかったホームページへのアクセスも50万件を超え、多い日には5通も6通もメールが届くようになりました。
　被害に遭って、インターネットで検索して私のページにたどり着いたという方もどんどん増えています。開設以来届いた相談メールは600通を超えました。

■見えないゴール

　仕事もしなければならない。家事もしなければならない。限られた時間。それがいつの間にかホームページの運営のために費やされていくようになりました。
　日記の更新、掲示板への書き込みの返答。そして相談メールへの対応。明け方までパソコンの前で対応に追われるという日も出てきました。
　でもこんなに頑張っても、自分たちが被害に遭った業者が検挙されないのです。そればかりかインターネット内にコピー商品は増え

る一方。やればやるほど疲れるだけで、何一つ収穫なんてありません。こんな生活がどこまで続くんだろう。
「もうやめよう」
　どこかで少し距離を置かなければ……。
　いくつかブランド品は持っているけれど、ただそれだけ。ブランドとは何の関係もない私が、毎日、毎日、寝てもさめてもブランド、ブランド、ブランド……。

もうブランド品なんて見たくもありません。たった8800円の被害で、どこまで頑張らないといけないのでしょう？　家族を巻き込んで、こんなことを続けていたって、誰一人喜んでくれません。もういいかげん疲れて果ててしまいました。
　私は何のためにこんなことをしているのでしょう？
　いったい何を目標にしたら良いのでしょう。
　どこまで頑張っていけばいいのでしょう……。
　ゴールはどこにも見えません。

■一人じゃなかった

　ホームページから少し距離を置こう。そう決断した私は、ホームページに気持ちを正直に書きました。もう、うんざりしてしまったのです。
　それから一息ついて、でもやっぱり気になって、ホームページを開いて見ると、「陰ながら応援しているから一人で抱え込まないで頑張って」、「日記を毎日書けない、なんのなんの、ここにリボンさんが存在するだけで勇気づけられる人が大勢いると思います」、「読んでいるうちに『閉鎖！？』と不安になったけど、閉鎖ではなく良かったです！」、「更新、返事遅くなっても気にしませんわよ」と、掲示板にたくさんの方から書き込みが。
　同じようにボランティアでネット問題に取り組んでいるオークション詐欺情報のpassesさんからは、「大変なこともあると思いますが、リボンリボンさんならやり遂げられると信じています。影ながら応援しています。出来る範囲でいいので続けて行きましょう」と優しいメール。
　佐々木明さんからも、力強い励ましのメールが届きました。

ネット販売が「悪の巣窟」になっている今日、「リボンリボン」の果たす役割は重要です。大変でしょうが何とかお仕事と両立させて消費者保護にご尽力下さいますよう。
これまでの活躍の陰にご主人の理解があったことも無視できません。ご主人にも感謝申し上げます。私も全力をつくしてネットワークを広げますのでよろしくお願いします。

ほかにもたくさんの仲間やページを訪問してくださる方から、「がんばって！」というメッセージが届きました。ちっとも気がつかなかったけれど、みんなそっと見守ってくれていたんですね。

　そのとき改めて自分が一人ではないこと、そしてもうこのホームページは自分一人のホームページではなくなっていることを実感しました。

　みんなが見守っていてくれる限り、頑張ってみよう。

■『類似ヴィトン』の著者 佐々木 明さんとの出会い

　励ましのメールを頂いた、『類似ヴィトン』の著者佐々木さん。この出会いもまた大きなものです。

　ある日のこと、POPOさんから、「リボンリボンさん、佐々木明さんの『類似ヴィトン』って読んだことがありますか？」という書き込みがありました。

　ルイ・ヴィトンならわかるけれど、類似ヴィトンって？

「ニセブランド問題がよくわかるから、まだ読んでないなら読んでみて」とPOPOさんからお勧めの書き込みが入りました。

　そう勧められて、早速近所の書店を２軒ほど覗いてみました。ところが『類似ヴィトン』は見つけられません。今度『紀伊国屋』にでも行かないと買えないのかもしれないと思って、それをまた掲示板に書き込みました。

　するといろんな方から、「インターネットで本が注文できますよ」と書き込みを頂きました。

『えっ？　インターネットで？』

　本は本屋さんで買うもの。今までそう思っていました。

　本って街の本屋さんで売っているだけではないんですね。書店で

見つからない本もネットで検索すれば、あっという間に見つかります。インターネットにはまたまた驚かされてしまいました。

　本はすぐ届きました。表紙にヴィトンのバッグがちょこっと掲載された文庫本です。
『類似ヴィトン』を早速読み始めると、あまりの衝撃に私の目は本に釘付けになりました。そして、ジャーナリストとして忠実にニセブランドの実態を暴く佐々木さんの文章に、どんどん引きつけられていきました。

佐々木明氏
「類似ヴィトン」著

この本を読むまで、自分たちの周りだけの事件だと思っていたニセブランド問題。これが社会をも揺るがす大変な問題であるという現実がズズーンと心に圧しかかってきました。
　私は読み終えるなり、ニセブランド問題をより詳しく知りたくなり、もしかしたら佐々木明さんのホームページがあるかもしれないと思い、ネット内を検索しました。
　幸運にも佐々木さんのホームページを見つけた私は、そこに掲載されているメールアドレスへ、今自分が置かれている状態をメールで知らせました。
「こんなちっぽけな読者に、ニセブランド問題の一線で活躍する大先生は返事をくれないだろうな……」
　ところが、しばらくすると佐々木さんから状況を聞かせてほしいという返事が届きました。
「えっ？　本当に返事が来たの？」
　私のために、『類似ヴィトン』の著者の佐々木明さんが返事をくれたんだ！　それが始まりでした。
　以来、メールや電話でアドバイスを頂いたり、情報交換させて頂いたり、東京まで押しかけて佐々木さんにはいろいろ相談に乗って頂いたりしました。
　佐々木さんに出会ったおかげで、私のホームページも確実に力をつけることが出来ました。
　POPOさんの書き込みがなければ、紹介された本を読まなければ、そして佐々木さんのホームページを訪れなければ、生まれなかった出会いです。
　みなさんが与えてくださった小さなきっかけ。その小さなきっかけの一つひとつが連鎖して、広がって、また新たな出会いを生んでくれるのです。
　出会いは異なもの味なものです。

第11章

これって、とてつもない事件だったんだ

(徳島新聞 2003年11月13日／第21421号より掲載)

> 「ママ〜。徳島県警から電話！」
> 　仕事から帰って夕食の仕度をしていると、突然電話が鳴り響きました。警察と聞くと初めは驚いていた息子も、今では徳島県警という言葉に慣れっこになっています。
> 　ホームページを開設して1年半。同じ業者から被害にあった人たちも、そして私たちの間にも、このままこの事件は封印されてしまうのでは……、という悲壮感が漂い始めていたそのころです。

■やった！　逮捕！　起訴！

　息子から受話器を受け取ると、向こうから刑事さんの声が聞こえました。
「先ほど、○○○貿易社長とその息子を逮捕しました。明朝、徳島新聞に記事が掲載されますので、確認してください」
「えっ？　？　？」
　予期せぬ言葉に、一瞬何を言われたのか理解できません。
「もう一度言ってください。逮捕されたって言われたんですか？」
　受話器を持つ指先が震え始めました。
　居間でテレビを見ていた夫が「逮捕されたんか？」と聞いてきましたが、こちらはそれどころではありません。足はガクガク、指はブルブル、背筋に悪寒が走ります。頭の中は真っ白です。
「今回、逮捕に至ったのは、リボンリボンさんたちの協力のおかげです」
　刑事さんからのねぎらいの言葉も、もう耳には入りません。
「ほんとに？　今、逮捕したって言われたんですよね？」

そうです！　とうとうあの業者が逮捕されたのです。来る日も来る日も、パソコンに向かいながら、どれほどこの瞬間を待ち望んでいたことか……。
　上気した自分を抑えるために大きく深呼吸を繰り返したあと、私は震える手でホームページに号外を打ち込みました。
　それから、協力してくれた大切な仲間たちに電話を入れました。
「ミンさん、刑事さんから電話があって、チハニ貿易社長が……」
「リボンリボンさん！　たった今、私のところにも刑事さんから電話があったところ。おめでとう！」
　外出から帰ったばかりというルビーさんは、ちょうどタイミングよく号外を見てくれているところでした。

第11章　これって、とてつもない事件だったんだ

「ルビーさん、刑事さんから電話があったよ」
「うんうん、今ホームページの号外みていたところよ」
「なんか夢見ているみたい」
「ほんと、よく頑張ったよね！」
　それから、オーさん、こうめさん、お正月でもないのに、みんな「おめでとう！」の連発です。そして、佐々木さんにも電話を入れました。
　佐々木さんは、徳島県警の1年数カ月におよぶ執念の捜査に、いたく感動されていました。
「夢みたい！」

偽ブランド販売3人逮捕

ネット競売利用、県内初

高級ブランド「グッチ」の偽物をインターネットオークションで販売していたとして、徳島県警生活保安課と徳島東署は一日、商標法違反容疑で

三人を逮捕した。ネットオークションを利用した商標法違反の摘発は県内初。県警では、同容疑者らが数年前から、何銘柄もの偽ブランド商品を大量にネット販売していた疑いもあるとみて調べを進めている。

逮捕されたのは、ほか

調べでは、三容疑者は、ネットオークションのホームページに昨年五月下旬、グッチの商標権に関する権利を持っていないにもかかわらずグッチの商標を付けたポーチ一点を出品。千葉県内の女性（二七）に七千七百五十円で販売した疑い。

同商品は本物なら三万三千円相当。偽ブランド品だと気付いた女性が、商品の送付元が徳島県内だったことから県警に通報した。

調べに対し、三容疑者はあいまいな供述をしているという。

県警

は数年前から、関連会社として、ネット県内外のパチンコ店に景上での商品販売を担当し品として商品を卸していた。県警は今後、偽ブラン

ド品の入手先、パチンコ店に卸していた商品も偽物だったかどうかを追及する。

（徳島新聞　2003年10月3日　第21380号より掲載）

一緒に頑張ってきたメンバーは全員が感無量。私もこのときになって初めて実感が湧き上がり、胸に熱いものがこみ上げてきました。

> 号　外
> 昨年3月頃から楽天フリマを中心にヤフー、ビッダーズでもブランドオークションを大々的に開催していた○○○貿易グループのY社長、その次男と他1名が逮捕されました。
> この業者は昨年3月頃より複数のIDや出店者名を使い、徳島県を本拠地として兵庫県、大阪府、など複数の地域から偽ブランド品を出品していました。
> 代表が逮捕されたことにより、この事件が深く解明されていくと思いますが、被害者は数万人、被害額は数億円に上ると予想されます。
> 詳しくは明朝、徳島新聞に掲載されます。ぜひご覧くださいね。
> 私達が被害を受け、警察に届け出て1年数ヶ月、徳島県警のみなさんも本当に地道な捜査を繰り返してくださいました。
> 今日まで一緒に頑張ってくれたルビーさん、ミンさん、オーさん、こうめさん。情報をくださったみなさん、応援してくださったみなさん、力を貸してくださると言ってくださった佐々木さん。
> そして、私達の声に耳を傾けてくださった徳島県警の刑事さん。
> 本当にありがとうございました。

　号外を流してしばらくすると、情報を交換していた徳島新聞の記者さんからも「○○○貿易社長親子が逮捕されたことは、もうご存知でしょうが、徳島新聞のホームページに速報を流していますので、宜しければご覧ください」という連絡を頂きました。
　徳島新聞の記者さんも、ずっと私たちのことを気にかけてくださっていたんですね。思う存分みんなと電話で話したその晩は、興奮

して朝まで寝付けませんでした。

　翌朝、徳島にいるメンバーの親戚から、朝刊のカラーコピーが送られて来ました。そこには○○○貿易社長逮捕の瞬間の写真が大きく掲載されていました。

　これまでこのような事件で逮捕される業者はたくさんありましたが、ほとんどが証拠不十分で不起訴になっていたようです。

　今回の事件は、徳島県警の『絶対に不起訴では終わらせない』という強い信念の元、1年以上に渡る地道な捜査で、異例の再逮捕。そして起訴に至りました。

　私たちが1年半闘って来たこの業者。パチンコ業界などにもブランド品を卸していたようで、ニセブランド品販売で10億円（11万点）、オークションでは1万点のコピー品を売りさばいていたとのこと。本当にとてつもなく大きな事件だったのですね。

　オークションで落札した小さなティファニーがこんな事件に結びつくなんて、あのとき誰が想像できたでしょう。

■がんばって行こう！　あせらず、ゆっくり

　人生どこでどう変わるかわからないですよね。たった一度オークションで失敗したことで、私の人生はすっかり方向転換してしまいました。

　あのとき、あのオークションに参加さえしなければ、出会うことのなかった人たち。知ることがなかったであろうインターネットの暗闇。社会に氾濫するニセブランド品。

　そのニセブランド品を資金源にする、暴力団やテロ組織。自分の利益以外考えずに、ニセブランド品をネットショップやオークションで販売するニセモノ業者。

　そして、ニセモノが販売されていることを知りながら、何の手立

てもせず、テナント代や手数料で利益を得るショッピングサイト。

　安ければコピー品でもいいと、何にも考えずにニセブランドを購入する人々。何の疑いも持たずにダマされて傷つく消費者。

　そういう世界があることを、きっと今日も気づかないでのんびり一日を送っていたと思います。振り返れば振り返るほど、夢の中の出来事のようです。

　あのときあの道さえ通らなければ……。みなさんもそんな経験をしたことってありませんか？

　一人の力は小さいし、探し出せるものも少ないかもしれない。いくら叫んでも誰一人気づいてくれないかもしれない。でも少し見渡せば、インターネットの中でも仲間作りは可能です。

　あなたに手を差し伸べようと、待っていてくれる人が居ます。

　ちょっと不思議な２ちゃんねるの掲示板にも、やさしいおせっかいさんが溢れています。一人じゃ何も出来ないけれど、きっと助けてくれる人がいる。

　あなたさえ勇気を出して声をかければ、きっと待っていてくれる人がいる。これは間違いありません。

　この先何が待っているのか見当もつかないけれど、私もみんなの優しさを糧に、あせらず、ゆっくり頑張っていこうと思います。

　確かにオークションやインターネットショッピングは危険がいっぱい。だからと言って怖がっていたのでは、新しい発見はありません。

　ハサミも包丁も、使い方を間違えば、恐ろしい凶器になるけれど、正しい使い方さえすれば、必要不可欠な道具です。

　きっとオークションだって、上手に参加しさえすれば、物を大切にする心や自然を大切にする心、人と人のコミュニケーションを育

む心が成長するに違いありません。

　始める前に少しだけ予習しておけば、きっと上手に楽しくオークションの世界が楽しめるはず。

　私たちと一緒に勉強していきませんか？

　お話ししたいことは、まだまだいっぱいあります。何のお構いもできませんが、ぜひ一度私のブログページにお越しになりませんか。

　アドレスはこちらです。

http://plaza.rakuten.co.jp/ribonribon/

　でも、ちょっと待って。アドレスを打ち込む前に、インターネットの検索窓に、『ブランドコピー品』『ヴィトンコピー』『TIFFANYコピー』『グッチコピー』というように語句を入れて検索してみてください。

　すぐにアクセスできると思います。それでダメなら、『リボンリボン』でね！

第12章

大切な忘れ物

原稿が書きあがって提出したあとも、どこかに何か忘れ物をしたときのような妙な気分が残っています。もちろん、３年もの出来事すべてを、一冊の本に収めることが出来ないというのは百も承知です。書き加えなければならないことを探せば数え切れないくらいあります。でも、私が感じているのはそんなことではありません。
　この３年間で『一番悲しかったこと』。このことを書き残して、どうして原稿が完成したと言えるのでしょう？
　ずっとずっと気にはなっているのに、いまだに受け入れることが出来なくて、わざと目をそむけ、日記にも触れなかったこと。口には出さなくても、他のメンバーも、多かれ少なかれ、きっと私と同じようなことを感じているような気がします。
　本を出版してくださる両国の隠居さんに、追加の原稿を載せてくださるようにお願いして、今これを書いています。

■苺桃さんのこと

『苺桃さん』。それが彼女のハンドルネームです。「リボンリボンの情報交換広場」を開設したその日、一番に私のホームページをリンクしてくれたのが彼女でした。
　私と同じ日にホームページを開設したという彼女は、初心者同士お友達になりましょうと私に声をかけてくれました。
　彼女は『苺桃』という名のように、メルヘンチックな詩を連想させるかわいい日記を書く女性でした。日記から想像する彼女は女学生かＯＬ、新妻？　私には、二十歳を過ぎたばかりの優しい女の子のように思えました。

やがて、何人かの仲間が集まって、メーリングリストを作ることになると、ブランド品のことはよくわからないと言いながら、苺桃さんも仲間として登録してくれました。
　当時、同じ出品者から被害を受けた方から掲示板やメーリングリストで活発に情報交換が行われていました。
　誰もが真剣に、夢中で難しいブランド品問題を語る中、彼女がいると、緊張した雰囲気が一転ソフトなムードに変わりました。
　彼女が話に加わると、みんなとワンテンポ話がずれていたり、的外れな質問を投げかけたり、話が違う方向に転んだりするのだけれど、不思議と彼女はみんなを穏やかな気持ちにさせました。まさに彼女は良い意味での天然。
　私は彼女のことがとてもかわいくて、書き込みがなかったり、日記が何日も更新されないと「どうしているのかな？」と気になって何度も彼女のホームページを訪れました。
「苺桃さんは、テンポがずれているね」と言いながらも、ルビーさんや他の仲間たちも、純粋な彼女のことをすごく気に入っていたように思います。

　ところが私たちが被害にあった業者の捜査が進むにつれ、苺桃さんの書き込みがパタッと止まり、いつしか日記も更新されないという状態が数カ月続きました。
　それからしばらくして、私たちが被害にあった業者が逮捕されるという事件も起こりました。
　苺桃さんにもこのことを知らせたい。「どうしているのかしら？」と気にかけていたある日、徳島県警の刑事さんから電話が入りました。

■一番悲しかったこと

「リボンリボンさん、苺桃って知っていますか?」
「えっ?　?　?」
　なぜ刑事さんが苺桃さんのことを知っているのでしょう?　一瞬あっけに取られてしまいました。
　わけがわからずにぼんやりしていると刑事さんが、
「苺桃はスパイだったんですよ。押収したパソコンからリボンリボンさんのメールが出てきました」
「え〜っ?　?　ウソー!」
　それ以上の言葉は出てきません。まさに衝撃!　びっくりと言うよりは何ともいえない複雑な心境、ものすごいショックです。

「苺ちゃんがスパイだったなんて!」
　そんなこと、考えたこともありませんでした。
　仲間のみんなもこれには本当にビックリです。こんな身近にスパイが存在していたなんて、それもあのかわいい苺桃さんが……。みんなもショックが隠せません。ただ呆然とするばかりです。
　彼女が、私たちの動きを察知するために近づいてきたスパイだとわかっても、私はそれを受け入れることが出来ずに、なかなかリンクをはずせず、何度も何度も彼女のページを訪れました。
　私のかわいい苺ちゃんはどこに行ってしまったの?

　今になって、ワンテンポずれているはずの彼女が、突然こっちがびっくりするような指摘をしてきたことや、彼女の書き込みの不自然さに気づきました。
　たとえば、ニセモノ業者の出品者名や、繋がりがどんどん掲示板に書き込まれ、みんなが興奮しているとき、「こんなことを書き込んで危なくないですか?」と冷静に指摘をしてくれたのは苺桃さん。

今思えばこれも、すごい勢いで暴き出される自分たちのことがこれ以上書き込まれないように、一刻も早く食い止めたかったようにも思えます。

　ルビーさんが、たまたま知人からもらったバッグをオークションで『コーチ風』と説明を入れ出品していたのを、どこでどのようにしてその出品を見つけたのか、『リボンリボンの情報交換広場』の掲示板に相手側の関係者らしき人物が書き込んできたときに、すかさず大騒ぎを始めたのも彼女でした。
　彼女の発言がきっかけで、たった１点の出品が大騒ぎとなり、ルビーさんはメンバーを降りると言い出すし、危うく私たちの関係が崩れそうな最大の危機に直面したこともありました。
　私がルビーさんをどれほど必要としているかということを何とか説明して、出品を取りやめてもらったり、ホームページに来てくださるみなさんに向けてお詫び文を書いてもらうなど、ルビーさんにたくさんの我がままを聞いてもらって、何とか残ってもらうことが出来ましたが、本当にもう少しで、相手の罠に陥ってしまうところでした。

　苺桃さんのあの行動も、彼女の純粋さから生まれたものだと思っていたのに、私たちを錯乱させるための行動だったと思うと悲しくてなりません。
　彼女はニセモノ業者の一人が作り出した架空の人物か、それとも本当は、私が想像していたようなかわいい女性が存在して、ニセモノ業者に躍らされてあのような書き込みをしていたのか？　私にはわかりません。
　彼女がスパイだったことはわかったけれど、それでも私にとって苺桃さんは今でも大切な仲間です。そして彼女をいとおしく思う気

持ちに変わりはありません。
「苺桃さん、もう一度帰っておいでよ。みんな待っているよ」と、ここで呼びかけるのはおかしいでしょうか？

■さらに追記　告訴されちゃった。

　また、事件が発生してしまいました。今度は、勢い余って、踏み込んでは危ない所にまで踏み込んでしまいました。
「何か。って？」
　日記に、ヤフーでティファニー製品を販売していた出品者さんのことを書いてしまって、とうとう名誉毀損で告訴されてしまったのです。いつか、こんなことが起こるような予感はしていたけれど……。

さぁ、大変！
只今裁判の真っ最中。
またまた前途多難です。
この報告はまたいつか。

第13章

私を支えてくれる
ブログ仲間たち

『リボンリボンの情報交換広場』を開設して、間もなく3年目を迎えようとしています。思えば、本当にたくさんの方との出会いがありました。今日も私がここにいられるのは、みなさんとの出会いがあったからこそ。ここで出会った一人ひとりが繋がって、仲間という大きな輪になって、今日まで私を支えてくれたのだと思います。

　苦しいときや悲しいときの、みんなからの書き込みやメールにどれほど勇気と希望、そして力をもらったか。そしてどれほど多くのことを学ばせてもらったか。

　今回もたくさんの仲間から、心のこもったコメントを頂きました。実は私はね、みなさんから頂く言葉を食べて生きているんですよ。

　これは本当！　だからこれからも、つまづいて元気をなくしてしまったとき、大きな迫害にあったとき、どうか私に言葉をかけてください。みんなの言葉さえあれば、どんなことも乗り越えられる。私はこんなにも多くの方たちと巡り会えて本当に幸せです。

　心からありがとう！　そして、これからもよろしく。

■これではまるでコピー商品の山

『POPO』さん

　腕時計が好きな私、「次は何を買おうか？　あれも欲しい、これも欲しい」とうわごとのように繰り返す毎日です。

　ところが雑誌などで気になる商品を見つけても、地方在住の悲しさ、近隣には売っているお店がありません。

　そこで、インターネットを利用しての購入を考えました。しかし

そこで見たのがコピー商品の山です。特にオークションサイトの酷さは目にあまりました。

「直営店での購入ではありません」「商品については価格から御判断ください」などの逃げ口上のもと、ダマされるほうが悪いと言わんばかりに堂々とコピー商品が売られている有り様です。

当然、そういった商品に手を出すことはありませんでしたが、これを機に、腕時計に限らずブランドバッグなどのニセモノ情報を集め始めました。

その後、偶然にリボンリボンさんのHPを知り、佐々木 明氏の著書を紹介させていただいたのをきっかけに、皆様のお仲間に入れていただいたというわけです。

おそらく未来永劫、コピー商品はなくならないでしょう。しかし私たち一人ひとりが正しい知識とモラルを持って、これらの商品を買わないことがコピー市場の減少につながればと思います。

■ネットオークションの落とし穴
『passes_away』さん

あるブランド品詐欺事件が、リボンさんと知り合うきっかけになりました。

自分自身も長く愛用しているブランドがあり、リボンさんのHPを拝見し、蔓延する違法コピー品への憤りを強く感じました。

ニセモノを本物と偽って販売する者への怒り、またはニセモノと知りつつ購入する人たちへの憤りなど、リボンさんの活動から多くのことを考えさせられる機会を得ました。

粗悪なコピー品を安価で購入して自己満足する人々がいることも無視できない問題だと思いました。

ネットオークションは、手にとって商品を確認できません。画面

（画像）と説明文だけで商品を見極めるという状況です。画像だけで本物かどうかを確認することは、不可能なことでしょう。また商品自体が本物かどうかを見極めるには本物を愛用し、熟知した上でなければ無理だとも思います。

　ダマされないためには、商品知識も必要だということですね。リボンさんのHPを参考にしていただければブランド品についての基礎知識を学ぶことができます。コピー品に対する違法性を多くの方に理解していただきたいです。

■コピー品の問題は今や社会の関心事
『ぴろこ』さん（業界関連）

　リボンリボンさん、お疲れさまです！　セールが終わり、ほっとして……やっとメールできました。メール下さいとおっしゃって下さったの、とても嬉しかったです。今まで助けてもらってばかりだったので、やっと協力できそうで。

　セールと平行して行われていた「O大学コピーブランド研究会」による講義は、次々と持ち込まれる偽ブランド品を前に、丸3日間続いていました。つまり、こんなイベントが人寄せに使われるほど、コピー品の問題は大きくなってきているんだと思い知らされました。

　私がコピー品に泣き、リボンさんに助けていただいた3年前は、まだこんなに表面化しておらず、業者の逮捕も少なかったように思います。

　そのころから、さまざまな困難をかいくぐりこの活動を続けてきたリボンさんをとても尊敬しております。

　コピー品の裏に潜む組織の影は、今まで本当に恐ろしかったことと思いますが、これだけ問題が表面化した今、彼らが敵視するのは

リボンさんのみならずになってきているのではないでしょうか？彼らはポリシーなんかなく、ただ金銭を荒稼ぎしたいだけなのでむしろ敵を叩くより、より多く売ることに必死で、こちらに手は回らないかと思います。

　セールの際、何人かのお客様とコピー品の話をしましたが、皆さん、年配の方でもとても関心を持たれているようです。業界関係者として、本の出版については「機は熟した」の感があります。遅すぎず、早すぎずでとてもいいタイミングではないでしょうか。売れ行き、私はとても期待しています！

　ちなみに掲示板で書けなかったのですが、私どもの会社では、持ち込まれた偽ブランド品を、お客様にお知らせしたうえで安価で買い取っております。もちろんそこからどこかに売ることはありません。お店にストックして、参考品として扱うのです。偽物、本物の両方が無いと、コピー品の最新情報を探れないからです。真贋鑑定は、プロの私たちですら手探りなのです。

　小さな質屋さんでは「プラダとグッチ、ディオールはもう諦めて買い取らない」などと音を上げているところも多くありますが、私たちはそうはいかないのです。ディオールは売れ筋ですしね……。

　店にストックしてあるコピー品はかなりの数ですよ(^.^;)。

　比較画像など必要であれば、遠慮なく言ってくださいね。また、その他協力できることなどあれば、ぜひご連絡下さい。上司もとても関心を持ってくれています。

　ちょうどセールも終って、これから仕事が落ちつきますしね。今まで子育て一本でしたが、仕事を持ち、子供が少し手を離れた今、さまざまな活動がしやすくなりました。ぜひリボンさんにもお会いしたいものです。

■リボンリボン様をご支援宜しく！！

『どにあ』さん

「あああああああああああああああああああ……」という"嫌がらせコメント"の連続。(*_*)

　リボンリボン様のHPに対する偽ブランド業者からであろうHP掲示板妨害行為をこれまで何度もお見かけいたしました。(=_=)

　毎日コツコツと一途に世のため、人のために偽ブランド出品問題に真っ向から立ち向かっていらっしゃる彼女を敬服せずにはいられません！m(_ _)m（妨害行為、許せませんねえ〜！！）

　インターネットをどう使おうかは個人の自由ですが……ほとんどの方は、自分の都合の良い時間に自分のために、自分の好きなことに利用して楽しんでいると思います。

　そんな中、彼女は真に正義感から、毎日のようにHPに来られる方々の相談に親身になって対処し続け、このような不快な行為も多々受けてきました。

　４年前、私は見ず知らずの彼女から突然「偽ブランド品を落札されていませんか？」という問い合わせのメールを頂き、お付き合いが始まりました(*^_^*)

　ブランド品の知識が乏しい凡人の私は、彼女のHPにときどき伺い、彼女が攻撃されていれば彼女の味方宣言をしたり、管理人としての彼女が言いにくいことは代弁したり、HPアクセス数を上げるくらいしか協力はできませんでしたが……。

　楽しいインターネット環境を整えるために立ち上がり、日々努力されてきた彼女は正直たいへん貴重な存在だと思います。

　これまで、どれほどの偽ブランド詐欺被害者に善後策を授けたかはもちろんのこと、某偽ブランド業者の検挙に協力されたことか。

　また某オークションサイトトップページに偽ブランドオークショ

ンに対する注意事項を具体的に掲示するように運動したのも、彼女の功労です (^ O^)/

　皆様、お忙しいとは思いますが、ときどきはHPに伺い、アクセス数を上げるだけでも有意義だと思います。

　みんなのために頑張ってくれている彼女へのご支援、どうぞ宜しくお願いいたします m(_ _)m

　今後もどうかお身体をご自愛頂き、ご活躍されることを心より願っています。

■モノや人を疑って生きるって悲しいことですよね
『ふじま』さん

　初めてブランド品を手に入れたのは高校生のときです。一目惚れをしてバイト代を貯めてやっと手に入れたお財布を、大切に大切に使いました。

　その後社会人になり、懐も暖かくなって貴金属やブランドに目が行く年頃になると、ブランド熱はなぜか冷めていました。

　海外に行く機会があると、お手軽感からかブランド品を手にすることもありましたが、まったくと言っていいほどブランド・貴金属の知識はない状態の私です。

　ブレスレット好きの義母にプレゼントするのに「貴金属屋って何処にあるの？　何処で買えばいい？」と友人に聞いて爆笑されました。

　どこで購入しようか検討していたときに、困ったときのインターネット頼みで検索。貴金属といえば唯一知っているブランド「ティファニー」のブレスレットが目に付き、オークションの並行輸入品だとそんなに高くないことを知って、「並行輸入」「インボイス付き」「返品・返金可」、評価が高い・出品量が多いことに安心して無事落

札♪　ブランド品の日本国内の価格設定は高いと感じていたので、並行輸入なら妥当な価格と思い込んでいました。そのときは……。

　すぐに入金を済ませ、しばらくして「あれっ？　何かが変？？」と、いやぁ〜な予感が……。ティファニーの偽ブランド品をインターネットで検索。リボンリボン情報交換広場サイトに詳しい情報があり、読めば読むほど不安がつのり、数日後商品が手元に届いて開けてみると、あまりの粗雑な作りに「……、これってニセモノ以前の問題！」と、直ぐに返品出来ないかをモンモンと考えていました。

　思い切ってリボンリボンの情報交換広場の掲示板に書き込み、リボンリボンさんに励まされ、ダメもとで出品者に連絡を取ることに。「返品」「ニセモノ」という言葉は使わずに、不審な点があることを理由にインボイスの提示を請求。すると「返品も受け付けています」との返事。

　ますます如何わしく、何度かのメールのやり取りでこんな人からはたとえ本物でも購入したくないと思いました。「泣き寝入りしたくない！」と心に強く誓ったのですが、その間にも出品者の商品はどんどん落札されていきます。

「ダマされていない？　大丈夫？」ディスプレイの前で独りおろおろしながらつぶやく私がいました。

　証拠になるかもしれないので落札品を写真に撮ってから出品者にメールで連絡を取ると、返送先の住所・電話番号を確認しても何も答えず、「受け取ったら返金します」のひと言です。

　仕方がなく発送元に返送すると、宅急便から「お届け先に○○さんはいらっしゃらないようです。私書箱のようですがどうしますか？」と電話が自宅に入りました。唯一の連絡手段だったメールを送信しても返事は無く、これは本当に詐欺かもしれないと不安がピークに。

　ここで引き下がりたくないので冷静を装って評価欄から何度かコ

メントを残すとやっと反応があり、「明日受け取る」という約束をさせました。

再発送後の翌日、無事返金はされたものの、嫌な気分はずっと引きずったままです。

その後も出品者の手がかりを探ったりしてみたけれど、実害がないだけに強く出ることが出来ず、よく確認もしないで落札した自分に後悔し、評価欄やメールで強く書けなかった自分に苛立ちだけが残りました。

リボンリボンの情報交換広場にたどりつかなかったらと考えると、冷静に現実を受け入れられたか正直自信はありません。

ニセブランド品が出回り、警察やメーカー側でも対策は講じているみたいだけれど、今も多くの偽者（偽名）が大きな顔をしてオークションに出品しています。

今思えば「返品・返金可能」というのは、落札者にとって安心して落札出来る要素だけれど、出品者が詐欺にならないための対策なのかもしれないとも思います。

モノや人を疑って生きることは悲しいことだけれど、便利さや気軽さと引き換えに疑うことも必要だと今回のことで感じました。

■パソコンという機械の向こう側に

『筑紫』さん

私がインターネット詐欺という体験をしたのは、今から２年ぐらい前のことです。ちょうどリボンさんがコピー品を落札したころだと思います。

楽天内のブログにもチャリンカーという言葉を有名にした詐欺師、九州の遠藤のブログなどがあり、ちょうどウロウロホームページを遊びに行っていたころでした。

リボンさんも私同様「IP？？　それって何？」みたいにインターネットのことは何も知らないのに、コピー品撲滅のHPを立ち上げ頑張っているときで、私とは違う経験ながら付かず離れずの関係のまま応援していたつもりでした。
　あるオークションサイトで大好きなヴィトンのバックを購入しました。新品同様品で定価よりは3万円ほど安かったのです。
　そのころはまだインターネット初心者でありながら、ネットオークションに自分でも出品を始めたころです。そのヴィトンの出品者を怪しいと少しは疑いながらも（怪しいと思ったのは出品の数が多かったことです）、ショップ営業（さらに店舗が入っていた事務所が市の持っている教育会館内）だったことなどがあり、信じる気持ちになってしまいました。でも多数の出品があったのに評価が一つも入っていないのが不安でした。
　自分の評価が汚れるのもイヤなので、すぐにネットから入金しました。私が入金した2日後、他の落札者から評価が入りました。初評価で「悪い」評価。それは「この出品者は商品を送ってくれない」というものでした。落札から3週間ほど経過していました。
　その後、次々に評価が入り、すべて「悪い」の評価です。その内容は全て同じ内容でした。その評価を見たときに心臓がドキドキしたのを覚えています。
　そのオークションサイトでは、商品券はオークション補償適用外で、補償されるのは私のように物を落札してお金も商品も届かなかった人だけです。結局、私以外のすべての人が補償を受けられない状態です。他の方は全員、商品券や図書券の落札でしたから。
　それと同時に被害者の会？　のようなものが出来ました。実際には動き回っても、お金を取り返した人は私の知っている中では誰もいなく、すべての方、23人が泣き寝入りでした。
　一番高額な方は、商品券1000万円分をオークション外で直接

購入した人です。結局この方はいまだに頑張っていますが、お金は1円も戻っていません。

それから2年が経過しました。その直接の犯人は、別のオークションサイトでエルメスのバーキンを販売して落札者から80万円を入金させた件で逮捕され、1年の実刑を受けましたが、もうすでに出所しています。

実際に詐欺会社を運営し、今まで多数のオークションで名前が出ている社長は、実刑は食らわず、執行猶予となりすぐに出てきてしまいました。詐欺とは一番立証が難しい犯罪なのです。そのことを、そのとき初めて知りました。

相手が「送るつもりだった……」などの弁解をすれば、1億円単位の詐欺をしても、たかが1年の実刑で社会復帰します。

詐欺師からは丁寧な手紙なども届きましたが、返金や商品を送るなどの具体的なことは何一つされていないのが現状です。

私がその詐欺会社に乗り込んだとき、そこの社長の車がセルシオという高級車だったことが印象に残っています。実行犯は、人からダマしたお金で高級車を乗り回し、美味しい食べ物を沢山食べ、立派な家に住んでいました。

これで私も詐欺の怖さを知り、オークションでは高級品は買うのは止めようと決めましたが、その後も数回「本物」と記載があったり「直営店購入」と記載がある商品を落札して、コピー品を送られてきたこともあります。

そのときは出品者さんも知らないで買って転売していたので、実際にはお金は戻ってきたこともありますが、落札後、音信不通やニセの名前で出品して詐欺後すぐにIDを消す人もいました。

オークションは楽しいものです。でもときとして、詐欺師の貯金箱になっている実態もあります。パソコンという機械の向こう側に赤い血の流れている人間がいるということを忘れてしまっている人

がいます……。

■突然のメール
『オーちゃん』さん

　私と彼女との出会いは唐突でした。
　あるとき届いた見知らぬ宛先からのメール。覚えのない送信者。おそるおそる開いてみると、そこにはこうありました。
「あなたの買ったグッチのアクセサリーポーチは本物ですか？」
　ええっ？　どういうこと!?
「あなたと同じオークションで私はティファニーのリングを落札したところ、送られてきたものは一目でわかる粗悪なニセモノでした」
　ここまで読んだ私は、すぐさま側にあったグッチのアクセサリーポーチと、以前、直営店で買ったトートバッグを見比べました。
　違う、違う！　確かに違います。リングと異なり、それはかなり精巧な作りではありましたが、タグのナンバーの刻印の文字、縫い目の粗さ、裏地の素材、色の違い。すぐさま、興奮して返信。
「私のもニセモノですっ！」
　彼女は落札者リストを見て、フリーマーケットに出品したことのある人など連絡先のわかる人を調べ、一人ひとりにメールを送っていたのです。
　普通で考えればこんなに安いのは怪しい。それなのに無知な私は何かのキャンペーンで大放出しているんだろうと、まったく疑う余地もありませんでした。
　愚かです。助かりました。彼女が教えてくれなかったら、まだまだ落札するつもりでいたのですから。
　自分のことはノンキに構えていても、改めて見れば、毎日膨大な数の怪しい商品がオークションに出ていました。いくら安いとは言

えかなりの高額で飛ぶように落札されてゆく……。

　信じて落札していることの恐ろしさ、平気な顔でダマしていく業者、その事態に気づいてもほったらかしのサイト管理者。

　このままじゃいけない。流れを止めなくては。今、この瞬間にこれ以上被害者が増えないようにできるだけ多くの人に大声で伝えたい……。彼女は、ずっと叫び続けています。押し潰されそうになっても、喉が張り裂けそうになっても。

　私は何もしていないのです。協力なんてできるほど何の知識もないのです。でも、彼女が喧騒の中で叫んでいるときに、「ねえ、何か聞こえない？」と道行く人を数人でも足止めできたらと、そんな風に思っています。

　あなたが私たちを見守ってくれているように、私もあなたをいつまでも見守っています。

■リボンの騎士はドンキホーテ？
『いとう岬』さん

　リボン×２さんを初めて知ったのは、イラク戦争が始まる少し前だった。イラク攻撃をすることに反対したり、アメリカ追従に疑問をもつ日記を書いている人たちに、掲示板などで不毛なディベート論争を仕掛けるさまざまな嫌がらせがあった。

　意見の違う相手を罵倒し、うっぷん晴らしをするという、ネット日記の２ちゃんねる状態はそのころ始まったような気がする。

　当時は、意思表示をしただけで、なぜ執拗に攻撃を仕掛けてくるのか事情もわからず、みんなオロオロしていた。そんなときに、適切なアドバイスをしてくれたのがリボンさんだった。

　そのとき、「リボンの騎士登場！」と時代がかった呼び声がネットの中から聞こえたものだ。

リボンさんは、このころはすでに楽天で、ネットオークションでの詐欺被害を無くすためのサイトを立ち上げて、協力者の人たちと連携して悪徳業者をあぶり出すなど、めざましい成果を上げていた。
　ということは、スネに傷もつ悪徳業者たちにとっては目の上のたんこぶ、不倶戴天の敵であったはずだ。事実、リボンサイトにウイルスを送りつけられたり、さまざまな嫌がらせがあったという。
　それに対処してきたノウハウがあったから、コマッタちゃんねらーたちへの対応もお手のものだったということだろう。
　ファッションに精通しているリボンさんと違って、僕はブランド信仰というものがまったくない。100円ショップのバッグであろうと生協の下着であろうと、トンと気にしない人間だから、有名ブランド商品へのこだわりについては無理解。ファッションオンチといったほうが正確だろう。
　そんなミスマッチ、トンマな関係だったが、いつしかお互いに信頼できる相手だと認め合える関係になっていたと思う。どうやら、社会正義にもとることに対しては、リボンさんもドンキホーテのように勇猛果敢（失礼！）になってしまうDNAをもっていたのかも知れない。
　1年ほど前に「ネットオークションでのサギ被害を無くすための経験を、原稿としてまとめたほうがいい」と僕もアドバイスをした。この活動はいずれ一冊の本になっても不思議ではないと思っていたからだ。
　以来リボンさんとは、裁判のことや本のことで僕も乏しいアドバイスをしてもいる。しかし本がこんなに早く実現するとは思わなかった。ブログ仲間の底力をあらためて実感したものだ。
　リボンさんに一貫しているのは、不正義への毅然とした姿勢と弱者への思いやりである。そして、日記の端々で表現されているご家族への思いやりなどに触れると、優しいステキなお母さんだろうな

ぁと、思わず微笑んでしまう。
　スーパーマンしかり、昔の少年漫画のヒーローたちの日常は、頼りない凡人だったりする。リボンさんの日常も皆さんと同じ平凡でこころ優しい主婦の一人だ。しかしネット詐欺問題に立ち向かう姿をみると、すでに平凡な主婦からの脱皮が始まっている。
　たしか少女漫画に登場したリボンの騎士も、愛情あふれる正義の人だったような……。

■小さい悪に気が付いて欲しい

『ルビー』さん

　各駅停車の電車に乗っていられない。そんなせっかちな私が、リボンリボンさんと出会って学んだ大きなこと。それは待つこと、継続すること。諦めないこと。
　当たり前の大切なことが、なかなか実行できない現実。彼女との出会いもネットオークション。我家の愛犬も、そしてこのパソコンも。ネットがなければ生涯、会うことも話すことも触れることさえもできなかったかもしれない。
　とても貴重で不可欠なネットの世界で、また、数々の哀しい話題も聞こえてくる。偽物、詐欺、中傷、etc.。
　なぜ？　人と人が何かの縁で知り合い関わったのだから、気持ちよく過ごしたい。それは万人の願いでは？　そう思うのはごく少数の人なの？　いやいや、そんなことはない。
　小さな願いが集まって、こんなに大きな成果に繋がったのだから。気持ちよく過ごすこと。それは常識で考えれば簡単なことだと思う。情報を提供する側もされる側も、双方の常識で考え実行すれば、難しいことではないはず。
　そんな当たり前のことが、なかなか実行できない。それもまた、

現実。小さな善の積み重ね、小さな悪の積み重ね。どちらも大きな善、大きな悪へと変貌していく。

ニセブランド品の売上げが、テロや心ない団体の資金源になる恐怖。何気ない小さな悪が、恐ろしい悪に加担している。

小さい悪に気が付いて欲しい。人が守るべき大切な命、信用、どちらも失ってしまうということに。

パソコンを開けば、たくさんの出会いが訪れる。ネットの繋がりが悪の網となるか、善の網となるか。

それは小さな小さな見えない糸のような細い網が、太く強い網へと大きく膨らんでいくこと。そしてその糸に、さまざまな思いが絡んでいる。

きっと善の網は、虹色に輝き満ちて、しなやかで凛としていて、簡単に断ち切れない。『りぼんりぼんとその仲間たち』の網のように。

■安心してネットオークションを楽しめる日はいつ来るの
『ミン』さん

私がネットオークションと出会ったのは、今からちょうど３年前の春でした。

そのころの私は、子供がまだ小さいこともあり、なかなか街中でのショッピングもままならない状態。そんな私にとって、ネットショッピングはとても手軽で便利ということもあり、ほとんど毎日のようにパソコンの前に座っては、いろいろと物色し、そして利用していました。

そんなある日、ふと見つけた「楽天フリマオークション」というもの。「何だろう？」くらいの軽い気持ちでのぞいてみたのですが、こちらも魅力的なページばかり。すぐに私は気になる物を見つけ、入札してしまいました。まったく疑うことなく。

その後は、リボンリボンさんと知り合うまで「入札・落札」を繰り返すことになります。ネットショッピングもネットオークションもまだまだ初心者だった私は、その出品者と個人的な取引きをすると言うよりも、楽天と取引きをしている気持ちでいました。

　ですから、「何かあったときには楽天へ連絡すれば解決する」と、そう思い込んでいたのです。

　楽しいと思っていたネットオークションでしたが、ブランド品の落札を続けていくうちに、毎回ほぼ同じ金額での落札があったり（サクラ入札の存在）、届いた品物に気になる点があったりと不信感を抱くようになり、日に何度も同じグループと思われる出品者たちの評価欄をチェックするようになりました。

　そのようなときに、リボンリボンさんが書いた「今日、TIFFANYで見てもらってニセモノと判明しました。皆さん気をつけて！　詳しくは私のページで！」とのコメントを目にすることになります。これを読んですぐにリボンリボンさんへ連絡をしました。

　その後、メンバーと共にニセモノ出品者たちと闘っていくことになるのです。警察とも協力しあいながら。その闘いの詳細は、リボンリボンさんが本の中に書かれている通りです。

　この一件があって以来、私はネットオークションでブランド品を落札することはやめました。と言うよりも、ネットオークションそのものを利用することがなくなりました。怖くなってしまったからです。

　もしも、こんな経験をしていなかったら、今でもネットオークションを楽しく利用していたのかもしれません。そう思うと、とても残念です。

　ニセブランド品と思われる品物を出品しているオークションは、まだ多数見受けられます。そんな出品者たちがいなくなり、安心してネットオークションを楽しめる日が来ることを願っています。

■ダマされるほうが悪いって悲しいですよね
『りお』さん

　リボンリボンさんとの出会いは、ネットオークションで落札した商品がニセブランド品で、泣き寝入りしたくないといろいろ調べて情報交換広場に行き着いたことからでした。

　リボンリボンさんにメールを送ったところ、アドバイスをいただき、出品者に連絡すると、あっさり返品・返金に応じてもらえました(当たり前のことですが、半ば諦めていたのでとても嬉しかったことを覚えています)。

　そもそもネットオークションなんて、きちんと商品が届くのだろうかと不安でした。そこでまずは、ダマされても被害の少ないものと小物を購入しました。

　そのときはとても迅速丁寧な対応で、これならと気をよくし、その後ブランドのバッグを購入するようになりました。ブランドショップ出品の商品は問題なかったのですが、個人の出品者で不安ながら落札したのが間違いでした。

　オークションで購入したバッグを気に入った知人のために、別の出品者から同じタイプのバッグを購入しました。

　届いたものは、すでに持っていたものと明らかに生地やラインが違っていて、近くのブランドショップで鑑定してもらったところ、後で買ったほうがニセモノだということがわかりました。

　ダマされるほうが悪いと言われればそれまでですが、持って行き場のない怒りを受け止めていただいて私にはとてもありがたかったです。この本の出版は、今後の犯罪防止と被害にあう人の減少に繋がるきっかけになると信じています。

■勇気をありがとう

『すずらん女王』さん

　２年前、ネットオークションで個人の出品者からニセブランド財布をダマされて買いました。警察へ被害届けを出しても調査は進まず、「私の泣き寝入りしかないのかなぁ？」と不安に思っているときに、リボンリボンさんのＨＰを見つけて相談させてもらったのが出会いです。

　もし出会っていなければ、やるべきことをせずに、ダマされたことにくよくよ悩んでいるだけだったわ。一人で黙々と闘うよりも、同じ痛みを知っている人と相談したりして、情報交換したほうがずっと心強いですもんね。

　そうそう情報交換だけではなくて、私のどうでもいいような相談にも乗ってくれました。たとえば「他の人はどれくらいで逮捕されるの？」「ウチの管轄の警察は怠けているのでしょうか？」など、そのような質問にも丁寧に答えてくれるのです。どれほど私の支えになってくれたことでしょう！

　実はね、ダマされてからあまりにも時間が経過しているので、自分がダマされたことを忘れてしまうときがあるのです。リボンリボンさんのＨＰへ行くと、自分がダマされたことを思い出させてくれるので、悪く言えば「嫌なことを思い出した……」、良く言えば「初心に戻って自分なりの調査ができる」。

　だから複雑なのです、リボンリボンさんのＨＰ覗くの……。

　ねぇ、「ニセモノを売る人ってどんな人なのかな？」と、思うときありませんか？

　ネットで買い物をして、商品が届くのを楽しみにしていない人なんていないと思いませんか？　楽しみにしている人をダマすなんて普通の神経じゃできませんよね。

安すぎる物は怪しいと知っていても「本物です」と言い切られれば、少しでも安く買いたいから信じて買いますよね。安いといっても、べらぼうに安いってわけではないのに『届いた物はニセモノ』。
　これほどガッカリすることはありませんよ。私なんて初めはあまりのショックに、ニセモノと信じたくなくて、本物だと自分に言い聞かせていました。手に取るとニセモノって嫌でもわかってしまうので、なるべく箱から出さないようにもしていたのですよ。
　それがブランド物をネットオークションで初めて落札したのですからショックも相当でしたね。
　すぐにオークションサイトへ連絡しましたが「場を提供しているだけ」「全部は管理できません」と返事をもらっただけ。最初の通報のときに彼らが行動を起こしてくれていれば、違った結果が出ていたハズだと思っています。
　リボンリボンさんのHPをご存知でしょうか？　毎日読んでいるとブランド物は正規店で買うしかないのね……と思わせるほどのネット販売でのニセモノは大量です。
　それらの情報は、ニセモノを売られた人、またはニセモノを売っているのではなかろうかとの読者からの情報なのですよ。普通にブランド品を見ていて発見したものだと思います。
　普通に見ていてニセモノだと判断できるような物が、堂々と売られているのに、オンラインショップの管理者が気付かないなんて信じられませんよね。厳しく管理して欲しいと思います。

■あの悔しさは、忘れられません

『ブルー』さん

　文章を書くのが苦手で、なかなか上手に表現できないのですが、本物として有名ブランドのニセモノをつかまされ、警察ですったも

んだを繰り返しました。

　ある掲示板で公開したことにより反対にこちらが訴えられそうになって、家族のことを考えて、志半ばで返品返金で同意した経緯があります。

　ですから、リボンリボンさんの行動は、心から応援しています。そして尊敬もしております。

　警察に明らかなニセモノを持ち込んでいても　相手が私に返金をしていたら、いくらこちらがまた返金し返しても、一度返金を先方がした事実があるのなら所有権が先方に移り、すぐ返品をしないとこちらが罪になるのです。

　警察もニセモノであることを認識しながら、ここに証拠があってもメーカーに鑑定に出すことができません。

　素人感情で、警察ならなんとかしてくれると思っておりました。でも、警察も手出しの出来ない法律の壁。あのくやしさは忘れられません。もっと消費者自身が勉強しないといけないのですね。

　○○市の商店街で、ニセモノを見つけ二度通報しています。本物を持つのが恥ずかしくなる商店街……。信じられない世界です。

■また一つ実を結びましたね
『コッペリア』さん

　私がリボンリボンさんを知ったのは、かれこれ1年ぐらい前でしょうか。

　私がオークションで購入したティファニー製品が、買ったその日に壊れ、なんだか怪しい、おかしいと思っていろいろと調べているところでリボンリボンさんのサイトに出会いました。

　そして、世の中にいかに多くのニセモノが氾濫しているかということを改めて認識させられました。そして自分がつかんだものが、

その中の一つであろうということも……。

　もし最初からリボンリボンさんのサイトを知っていたなら、オークションでブランド物を買うということはしなかったかもしれません。しかし、悲しいかな被害に遭ってからでなければこのようなサイトには気付かないのも事実です。

　今でも毎日のように疑心暗鬼に駆られた方がリボンリボンさんのサイトで相談されています。そしてリボンリボンさんや賛同者の方が出来うる限りの回答をしています。

　リボンリボンさんの地道な活動が、まずは本という形になって一つの実を結びました。このことによって、少しでもニセモノをつかまされる人が減ること、安心してオークションでブランド品が買えるようになることを心より願っております。

■このサイトに出会えて本当によかった
『しゅう』さん

　リボンリボン様　初めまして。素晴らしいサイトに出会えて嬉しくてメールしてしまいました。

　私はブランドショップを経営したいと考えておりまして、ネットで情報収集をしていたところ、このサイトとめぐり会いました。ブランドショップを経営するのは並々ならぬ努力が必要だと、実感しました。

　ネットショップを開きたいなと考えていますが、悪質な業者の方も多いようで悩んでいました。けれど逆に考えてみれば、安心して購入できるお店を作っていくことも違法な業者を撲滅していく第一歩に繋がるのだと思います。

　リボンリボンさんが本を出版されたり、悪質な違法業者と闘っているのだし、私も諦めずに頑張ろうと思います (=^・・^=)

といっても……卸業者のあてすらないのですが (^_^;)
　でも絶対に諦めません♪　近い将来、自信を持って提供できるオンラインショップを開くつもりです。
　まだまだ試行錯誤が続きそうですが、ショップが出来た際には、ぜひリンクさせて下さい (=^・・^=)（気が早すぎますね・・・）
　今日、このサイトに出会えて本当によかったです。

■日本は「コピー品消費大国」では

『デイママ』さん

　普段はブランドに無頓着な私が、オークションで始めて落としたブランド財布。これがコピーでした。
　怒り心頭でしたが、よくよく考えれば一円からスタートしたり、何万円もするものが数千円で落札できたり、おかしなことばかり。出品者の評価を見ても三千以上の評価がありながら、コピーを批判するものは本当に数名だけ。
　ということは……どう考えても本物のブランドが提唱するモノの確かさを求めるより、コピーで良い人がたくさんいる……という結論を自分で出しました。
　韓国や中国がよく生産面で「コピー大国」と言われますが、日本は「コピー品消費大国」だと実感しました。

『リボンリボンの情報交換広場』に寄せられた声

その一
オークションサイトに言いたい

コピー出品しているという通報、まともに扱ってほしいです。本人に聞いて、本物と言ったからって削除しないって、おかしいんじゃないですか？ ヤフーの利用者からのアドバイス、参考にしていますけど、何を書かれているか解らないのは、どうなんでしょう。嫌がらせを書き込まれているかもしれないけど、出品物すべてに書き込まれている出品者もいるので、内容が見たいです。

(ハンドルネーム：pokoさん)

実際に手に取れない買い物というのを利用している出品が多すぎる。ブランド品だけのことではないけど、もっと誠意をもって売買したいものです。サイトの管理者もきちっと取り締まって欲しい。

(ハンドルネーム：にゃぁ！！さん)

偽ブランドを正規品と語っての販売は明らかに詐欺行為です。ただ単に場所を貸しているとの立場ではなく、オークションサイトの信用を上げ、サイト運営者のとしての責任と自覚を持って欲しいです。

(ハンドルネーム：みみずく太郎さん)

偽ブランドだけではなく、違法物がたくさん売られています。もっと厳しく取り締まって頂きたいです。

(ハンドルネーム：まちゃさん)

管理が甘い！！

(ハンドルネーム：まろんさん)

管理のずさんは感じますが、あまりに多い出品物に目が行き届かないという〈言い訳〉も正論かと思います。

(ハンドルネーム：rossaさん)

もう少し、管理のほうを強化したほうがいいんではないでしょうか？

(ハンドルネーム：スイスイさん)

買うユーザーがいてのオークションサイトです。皆の声を反映した運営をしていきましょう。

(ハンドルネーム：Tomさん)

場を提供しているだけ……と逃げてばかり。偽物のオークション手数料が入っている。それを受け取って黙認するのであれば、同罪で罰せられるべし。責任持って排除するのが当然だ。

(ハンドルネーム：とりさん)

管理がずさんすぎる。写真だけでもわかる粗悪な物まで出品されていても放置。ブランド品だけではなく色々と意味深な物が販売

されている。一利用者が一目見てわかるような物をなぜ放置しておくのか理解に苦しむ。

(ハンドルネーム：(業界関連) YのKさん)

一度でもクレームや相談があった出品者は、ちゃんと調査してほしいです。被害が拡大するのはオークションサイトに管理責任があるのではないでしょうか。

(ハンドルネーム：カレンさん)

もう少し出品者が違反などしていないか、きちんと管理してもらいたいです。お金を徴収して場を提供しているのだから、購入者側の言葉などに、もう少し耳を傾けて貰いたいです。

(ハンドルネーム：真理姫さん)

詐欺行為をやったヤツは締め出せ！

(ハンドルネーム：せいやんせいやんさん)

本人確認を徹底的にすること。誰でも気軽に始められるのが今までのオークションの良いところですが、ここまで色々と悪意を持った方が出てきてしまいましたので、より厳しい参加条件を課すべきではないでしょうか？　問題のある出品者や落札者の見極めをもっと徹底的に。評価の方法を現状の方法から、さらに詳しく書けるようにすること。その上、評価をする側にも取引相手に対して評価をした内容の表記が必要。(例えば、非常に良いは何件、良いは何件、どちらでもないが何件等) いつでも「非常に良い」という評価しかつけない方の評価は信頼性が低い。場合によって

は、その書いた評価に対しての責任追求も必要かも？　評価方法も現状の5段階評価ではなく、もっと詳細な評価をつけられる様にすること。とりあえず、取引に関する様々な項目に対して、それぞれ評価をつけられる様にすることがまず最初にすることかも？　連絡に関して、振り込みに関して、発送に関して、品物に関してなど多数の評価に分けることで、現状のいいかげんな信頼性の低い評価にはならないはず。出品数に応じての課金等、オークションを商売にしている方と、まったくの個人で趣味程度に楽しんでいる方との差別化を図るべきでは？　たくさん利用している人と、月に数回しか利用しない人の参加料がすべて同一というのも問題かも？　同一の商品を複数または複数回出品される方は個人ではなく業者の可能性が高いため、自動的に課金されるべき。複数IDを使用されている方、新たに新規ID登録されたりした方の過去のIDも全て表示させるべき。嫌がらせを受けた際の対応策（対抗策）をもっと考えるべき。取引相手（出品者）の住所表記（最低限、郵便番号）例えば、東京都中央区銀座など数字を除く部分までをすべて表示させることでかなり特定出来るのでは？　この場合、誰でも見られるわけではなく、オークションに参加している人のみが見られるようにすることで、少しは違うはず。出品すること＝販売していることなわけですから、これくらいの情報開示は最低限必要なはずです。

（ハンドルネーム：masterboxさん）

明らかに偽ブランドとわかるものが多過ぎて参加する意欲がそがれます。

（ハンドルネーム：りりまさん）

どこのサイトも追っかけられない問題でしょうか？　怪しい出品者を取り締まれないサイト側が「責任はない」と堂々と言えることが分かりません。問題が起きてからでは遅いのに、いつも日本は事件になってから慌てて騒ぎ立てます。未然に防ぐ努力も必要だと思います。

（ハンドルネーム：yan25さん）

本物を探すのに何時間もかかること。そして本物と名乗り、偽物を出品している人が多すぎます。オークションのカテにブランド品があるのなら、それなりの知識を持って取締りをして下さい。この方の出品されている品物は偽物です。細かく説明しても、いつでも定型的な文章が書いてあるだけ。犯罪者を多く作り出しているのはオークションサイトであることをもう少し自覚して下さい。この前なんか偽物の鞄が15万円で落札されていましたよ。ほかの人がその落札された方に連絡を取って被害がなく済まされましたが、こういう人はたくさんいるんです。

（ハンドルネーム：れなさん）

この4カ月、びっくりするぐらい安かったので、Yahooオークションで大量にブランド物を買いまくりました。どれも本物と書かれているところばかりでしたし、まさか有料のオークションで「本物」と説明書きのある偽物が大量に売られているとは思いもしなかったですし、それを天下のソフトバンク（Yahoo）が放置しているとは考えもしませんでした。改めて買ったものを集計してみたら、約40点、30万円分ぐらいのものの、出品者のIDが消されてなくなっていました。これだと、評価のその後の訂正

も見れなくなるので、偽物と気づいた誰かが評価欄に書き込もうとしても永久に解らなくなります。これって証拠隠滅や追跡かわしにYahooオークションが一役買っているということになりますよね。さらに終了したオークションについては通報できないですし。それなりに利用料を取るならばそれなりにコストを掛けてYahooはYahooオークションを管理するべきです。

（ハンドルネーム：雷電さん）

放っておくのもいい加減にしてください。あまりにも無責任すぎます。

（ハンドルネーム：(業界関連) ぴろこさん）

プライドもって仕事してください。

（ハンドルネーム：ででぽ2さん）

インターネットの信用性を高めるため、もっと業者を選別し、何かあった場合、業者情報を消費者に開示すべきである（ブラックリスト情報）。

（ハンドルネーム：(業界関連) アジア007さん）

個人情報の登録確認作業をしたほうが良いと思う。作ったら作りっぱなしはまずいし、「悪」だと思う。責任をもってサイトの運営もしてもらいたい。

（ハンドルネーム：hello_horiさん）

誰が見ても違法出品がまだまだ放置されています。お金を取って運営している以上、当然、取引の安全性を確保する義務が運営者にはあるのでは！

（ハンドルネーム：（業界関連）業界2さん）

偽ブランドと解かる提示（正規品ではない、正規外）の商品は排除して欲しい。

（ハンドルネーム：（業界関連）和田さん）

仲介役として責任を持って欲しい。

（ハンドルネーム：ゆみこさん）

犯罪の温床はやめてください。

（ハンドルネーム：もぐPさん）

偽物の出品が普通にされているのが、不思議でなりません。オークションサイトも、厳しい規制をして欲しいと思います。出品する前にオークション側も審査するとか…ほんとありふれすぎです。

（ハンドルネーム：ぴかぴよさん）

主催者は被害者の声に真剣に耳を傾け当事者同士だけではなくフォローすべき体制を整えて欲しい。いや、整えるべきでそれで初めてオークションサイトの存在価値があるものと思います。

（ハンドルネーム：diorrorさん）

その二
ブランドホルダーに言いたい

自分トコの商品なんだから、鑑定できないとか言うな!! 特にティファニー。

(ハンドルネーム：(業界関連)和田さん)

有名税とは思わないでしっかり取締りを御願いします。

(ハンドルネーム：もぐPさん)

顧客や自分のブランドのファンでいてもらうためにはきちんと偽ブランド撲滅に力を入れるべきです。会社にも損害でしょうが愛用している顧客も被害者です。ブランド力が落ちてブランド離れがおきないためにも今しっかり戦うべきでしょう。

(ハンドルネーム：おこしやす！★Lovely 桃姫★さん)

偽ブランド撲滅対策している会社はまだいいとして、していない会社もあるのが現状なんですよね。これもある意味、偽ブランドが横行する原因の一つになっていることを、会社が気づいて欲しいと思います。あと、異常な年々の値上げもそうだと思うんですよね(←某ブランドへの嫌味も含めつつ……)。

(ハンドルネーム：ぴかぴよさん)

実態を把握しているのでしょうか？　プライドをもって欲しいし、日本の警察への取締り強化をもっと言及すべきだと思います。

(ハンドルネーム：diorror さん)

何も言うことありません、これからも良いものを作って下さい。

(ハンドルネーム：poko さん)

ブランド側も放置状態ではなくもっと具体的な対策はとれないものなのでしょうか……いらいらしちゃいますね。

(ハンドルネーム：にゃぁ！！さん)

コピー商品の撲滅に本気になれ！！

(ハンドルネーム：まろんさん)

ルイ・ヴィトン等は、会社が〈偽モノ対策〉に取り組んでいることをサイトに発表しています。検挙数等。でももっと規模の小さいブランドではなかなかそこまで手が回らないのが現状ではないでしょうか？

(ハンドルネーム：rossa さん)

自分の創った物に誇りを持ち、コピーを許さぬ態度を！

(ハンドルネーム：Tom さん)

G社に偽物の修理依頼にわざと行った。「ここでは修理が出来ないので、東京本社に送ります」。そういう対応ではなく、即座に警察に通報するなど、早急に突っ込んだ対応をしてほしい。調べ

ている間に、販売者は行方をくらましてしまったり、すり替えだと騒ぎ出す。

(ハンドルネーム：とりさん)

ブランド、国がもっとコピー品というものに真剣に取り組むべきだと思う。それが各ブランドファンに対しての礼儀だと思う。

(ハンドルネーム：(業界関連) YのKさん)

自社製品に誇りを持ってコピー品を排除してください。

(ハンドルネーム：カレンさん)

有名ブランドの本店を何度か尋ねたのですが、最近は日本人と見ると買い付けだと見られて、以前のように気分良く買い物ができません。店員さんたちは、売ることより買い付けの人間に売らないように指示されていて、日本人は特にマークされているので、疑わしい目つきで見られ、扱われることは本当に嫌な気分です。現地に長年住んでいる友人たちも皆感じていることです。またあるブランドでは、一年間に一人につき3点以下の品物しか販売してくれません。現地に住んでいると、パスポートで免税店で購入することもないので怪しまれます。業者の送り込んできた現地滞在の買子さんと間違えられているからですが、アメリカ人など長い行列（ほとんどが買子さん）ができていて、いらいらしながら買い物をしているのをよく見かけますが、ハンドバック1個買うのに、1時間とか、2時間も待たされるなんて、旅行者にははた迷惑な話です。こうした混乱を避けるためにも、これからは世界中で値段を統一したら良いのです。日本でもアメリカでも本

国でも、統一料金で販売して欲しい。超高級ブランドの格式を保つためには、他に方法はありえないと思います。値段の格差が激しい現在では、並行輸入業者、そして偽ブランドの存在を、ブランド自身が暗黙のうちに許可を与えていると思います。価格が統一されることにより、ブランドはブランド店でしか購入できないという本来の姿を、消費者に積極的にアピール出来るのではないでしょうか。そしてお客様への接し方も必然的に変化してくることでしょう。
現行のままでは、ブランドがブランドでなくなる日が、近い将来きっとやってくることでしょう。

（ハンドルネーム：Kiriko さん）

たいへんですね。

（ハンドルネーム：せいやんせいやんさん）

国内正規販売品には特別な保証を付けるなど、ある程度の対策が必要です。国内販売品に魅力的な保証が付けば、安価な並行輸入品に安易に手を出す人も少なくなるはずです。貴金属に関しては永久保証、革製品に付きましては3年保証など。また本物か偽物かの判断は容易に出来るようにしておくべきでは？　やはり売るだけを目的としたブランド品は一時的には流行るかも知れませんが、将来的にはマイナスです。偽物が出てくることが一流品との見解もあるようですが、それらを容認してしまうことでブランドイメージが下がることはお忘れなく。

（ハンドルネーム：masterbox さん）

自社ブランドを大事にし、守ることが顧客に対する一番のサービスであると思います。

(ハンドルネーム：りりまさん)

多くの貧乏女学生やおばさん達がステータスのためだけに持ち歩き、定価４万円の財布に４千円しか入ってないなど、悲しい使われ方が多々見受けられます。そういった方々は正規店に足を運ぼうともせず、値段だけで怪しいオークションで怪しい商品ばかり選び、ブランドホルダーには利益が入ってきません。一番の被害者はブランドホルダーですと言いたいところですが、見分けが容易にできる高度な技術があるこのご時世に努力が足りない気がします。

(ハンドルネーム：ケントさん)

オークションサイトでも同じですが、偽物と本物の違いを消費者に訴えれば状況が変わるように思えます。皆が「あれは偽物」と分かれば、それでも購入する消費者が出てくるでしょうか？　価格の違いよりも、本物と偽物の区別がつかないから「偽物でも安いからいいか」という消費者が多いように思います。もっと本物と偽物の情報を公開すれば被害も少なくなるのではないでしょうか？

(ハンドルネーム：yan25さん)

偽物の対策をしているとHPで公表されている割に連絡しても一切取締らない。結局は直営店で購入しなければ偽物を購入させられた人なんかどうでもいいということなんでしょうか？　自分達の偽ブランド品が大量に出回っていることを知っていながら、

ほとんど動くことはない（影では少し動いている様ですが）。ブランド会社側が動かない限り、偽物はなくならないと思います。

（ハンドルネーム：れなさん）

何とかならないものでしょうか？　少なくとも、組織的に偽物を持ち込み、組織的に隠蔽し合い、日本国内でバラまいている外国人集団のうちの一つでも摘発できないものでしょうか。自らのブランドを守るためにもブランドホルダーもそろそろネットオークション開催業者に対して法的な措置に出るようお願いしたいです。

（ハンドルネーム：雷電さん）

偽物が出回っているなんて、恥ずかしいと思わないのでしょうか？　こんなにコピー品を持つ人が多くなると、価値も品位も下がりますよ。

（ハンドルネーム：(業界関連) ぴろこさん）

誰でもが簡単に真贋判定できるシステムを早期に構築すべきである。例えば IC チップを本体に組み込むとか、高価なものなので可能なはず。企業の利益だけでなく、消費者保護も視野に入れるべきである。

（ハンドルネーム：(業界関連) アジア 007 さん）

Tiffany & Co. のブランドホルダーとしての責任の無さには呆れかえっています……。

（ハンドルネーム：(業界関連) 業界 2 さん）

その三
消費者の方たちへ

昔と違って通販（オークションサイトやネット販売が増えた）で買うときは、よく吟味してから買うこと。偽物は買うな！！

　　　　　　　　　　（ハンドルネーム：（業界関連）和田さん）

偽物を持つことは自分も偽者です。

　　　　　　　　　　　　　　　　（ハンドルネーム：もぐPさん）

わかっていて偽物を買う人！　ブランド品持つ資格なし。ニセモノ買って恥ずかしくないのかな？　みじめでないのかな？　安くて得したとでも思っているのかな？　大間違い！　粗悪品ニセモノを安く買っても所詮価値なし！　ある意味ブランドとはプライドです。ニセモノを買う人はプライドがない人だと思う。だからニセモノを買うのが平気なのかな？　犯罪に加担しているってこともお忘れなく！

　　　　　　　　（ハンドルネーム：おこしやす！★Lovely 桃姫★さん）

ブランドは、購入するなら本店、支店で手に入れてください。本物、偽物の区別がつかなくても安心して求められますから。そのほかのお店で購入すると、後でごたごたに巻き込まれて、大切な

時間と心の浪費になりかねません。

(ハンドルネーム：Kirikoさん)

売る人の口車に簡単に乗っちゃーいけない。衝動買いもいけない。本当に必要なのか冷静に考えて見る。

(ハンドルネーム：鵜の岬さん)

偽物だとわかって購入する方もいらっしゃるのも事実。しかし偽物を掴まされた方は決して泣き寝入りせず、勇気をもって届けて欲しい。

(ハンドルネーム：diorrorさん)

似ているし、安いからってコピーを持ってる方、見ればすぐコピーだって解ります。

(ハンドルネーム：pokoさん)

安ければすぐとびつくのではなく、きちんとした判断で購入して欲しいと思います。

(ハンドルネーム：にゃぁ！！さん)

偽物でもよいと思って購入している人がいるようです。自覚していないかも知れませんが、そういう人も詐欺の共犯者です。

(ハンドルネーム：みみずく太郎さん)

偽物を買うことも犯罪になります。買わないことが偽物撲滅にもつながると思います。偽物と本物を見分けられる目を養って偽物

を買わないようにしましょう。

（ハンドルネーム：まちゃさん）

ブランド品はオークションで買わないほうがいいかも。まともな業者さんも多いでしょうが安心料ということでブランド直営店で買うことが一番だと思います。

（ハンドルネーム：おこしやす！★Lovely 桃姫★さん）

「コピー商品でもパッと見、ニセ物とはわからないし安いからいいよね」って言う人いるけど、そんなの持ってたら人間も安物に見えますから！！

（ハンドルネーム：まろんさん）

これが最も重要！　と思うことは、私たち消費者が賢くなること。日本価格がフランス価格の1.4倍（ルイ・ヴィトン：例）として、まともに平行モノを購入できたとしても、日本価格と大差は生まれません。なのにオークションの〈超・格安〉に釣られる……というのはちょっと問題あり。例えば、「いただきモノで重なったので処分します」などという場合は、その出品者のほかの取引や他の出品物などをよく調べて、質問もしっかりして、考えることができると思います。たまに見かけるのは「正規販売店購入ではないので……そのことはご承知ください」などというあいまいな表現。これは〈にせもの〉と言っていますね。表現のおかしさに気づかなければ購入者にも責任あると思います。

（ハンドルネーム：rossaさん）

買う前に周りを見回して。

(ハンドルネーム：Tom さん)

犯罪であることを認識すべき。偽物を持ったあなたは偽のあなたです。虚栄や偽りなき人生を送ってください。偽物を持つことは、自分の心に嘘をついていることです。

(ハンドルネーム：とりさん)

コピー品を買うということは、何らかの犯罪に加担しているかもしれないという事実を知っていただきたい。

(ハンドルネーム：(業界関連) Y の K さん)

騙されないように気をつけましょう。

(ハンドルネーム：カレンさん)

見ない、触れない、関わらない！

(ハンドルネーム：yumicorn さん)

ネット販売は便利だし新しい出会いなどもあり、楽しいことも多いです。でも商品を見ずに買うという行為……特にブランド物や高額商品は、本当に気をつけて頂きたいです。

(ハンドルネーム：真理姫さん)

よく見て買ってください。

(ハンドルネーム：せいやんせいやんさん)

無知な人は安価な並行輸入品には手を出さないことも大事です。どうしても購入されたい方は、並行輸入品は偽物でも仕方がないって言うくらいの覚悟で購入されれば良いのではないでしょうか？　しかしこれを容認してしまうと、並行輸入品＝偽物という感じに取ることも出来てしまいますので、一概には言えないのですが。だって上記の考え方ですと、並行輸入品を購入するということは、自分で偽物をすすんで購入しているということにもなってしまうわけですからね。ただ、そもそも並行輸入品は日本国内での正規販売品ではないのですから、並行輸入品を購入されること自体がよいことではない気もします。この並行輸入品だと安価で正規品と同じ物が購入出来るという安易な考え方が間違いを生んでいるのではないでしょうか？　安心を買いたいのでしたら、高くても正規の国内販売品を購入すべきです。偽物はやはり悪ですが、日本でのこのブランド信仰が生んでいることが原因です。ブランド品＝良い品と言う、間違えた考え方を払拭出来ない限り、日本での偽物は今後もまだまだ増えていくように感じます。良い品物は、ブランド名ではなく、品質で選べるように個々の目を養っていただきたいと思います。私自身は、ここでいうブランド品にはあまり興味がありませんが、やはり品物のブランド名は気になります。ただ、私はあくまでブランド名は目安でしかないと思っておりますので、良い品かどうかはやはり実物を見ないで購入すること自体が難しいのではないかと考えます。そもそもバッグ一つで数十万円もの値段が付いていること自体がおかしなことだと思っておりますので、それらの値段が偽物を生んでいるのだと思います。それだけブランド販売会社は儲けているってことですよね。消費者はそのブランド名に高いお金を支払って

いるわけで、その品物にブランド名がなかったら、1/10の値段でも買わない物もあったりしませんか？　偽物ではなくってもね。もしそうでしたら、単純にブランド名を買っているわけですから、それを安く買おうとするのはおかしい考え方なのかも知れません。また、ブランド品はそもそもお金持ちの道楽だったりするのだと思いますので、無理して購入すること自体がおかしいのではないかとも考えます。まぁ、それぞれの価値観が違いますので一概には言えないと思いますけどね。高いお金を支払ってブランド品を購入し、さらにそのブランド品を買った本人がブランドの宣伝をさせられていると言う矛盾がイマイチ理解し難い部分でもあります。

(ハンドルネーム：masterboxさん)

あなたが持ちたいものは「本物」ですか？　それとも「偽物」ですか？

(ハンドルネーム：りりまさん)

偽ブランド販売者だけが悪いって思う方が多くいらっしゃると思いますが、彼らに送金し組織を増大させている張本人は消費者です。本来ブランド品が高額なのは約束された高品質性です。ステータスのためだけに本物よりは多少安いがそれでも高い金額を払ってどこのものかわからない物を買うって神経は異常です。正規店で買えるわけだから、そこ以外で買えないほどステータスがないのなら諦めてください。貧乏人が堂々と偽ブランド品を身に付けている姿は滑稽です。

(ハンドルネーム：ケントさん)

「偽物」と知っていてブランドを持つことを「私の自由」と言いきれる人の心境が分かりません。その結果、犯罪の片棒を担いだり、被害にあっている人の気持ちが理解出来ない自分勝手な方が沢山居るってことでしょう。悲しいです。

(ハンドルネーム：yan25さん)

少しでも安いから、中古品だけど安いから欲しい、購入しようと考えてしまう気持ちは分かります。実際私もそういう考えで多くの商品を購入して来ました。けれど直営店以外での購入はある程度のリスクを抱えるということを忘れないで下さい。欲しいと思ったら、その商品をまずは直営店で見てから、そのブランド品についてとにかくよく勉強する。本屋などで販売されているブランド別の雑誌などをよく見て、いろんな部分を知っていると写真を見ただけ、遠くから見ただけでも偽物が判断出来ます。偽物を判断出来るようになるまで欲しくとも我慢する。商品はその品だけではなく、たくさんあるわけですから。偽物を持ちたくないのなら、とことん勉強。それしかないです。

(ハンドルネーム：れなさん)

気をつけて！　日本人の常識で考えたら「ありえない」コトでも、Yahooオークションの中では現実に、今も発生し続けているのです。しかも、Yahooがそれを事実上、放置・黙認しているのです。

(ハンドルネーム：雷電さん)

『今、平気でコピー品と知って持ち歩いている人へ』：後で後悔しますよ。あなたの持っている物は一銭の価値も無く、犯罪の手伝

いをしているようなものです。『ネットでブランド品を買われる方々へ』：ショップに行かずとも、希望どおりの物が手に入る便利さは捨てがたいものです。でも十分に勉強した上で、お金を惜しまず確実な物を選ぶ目を養いましょう。またネットに頼らず、本物をたくさん直接手に取る機会は必要です。

（ハンドルネーム：（業界関連）ぴろこさん）

今は、まず騙されないこと！　騙されるのは、自己責任である！悲しいけど、そのくらいの覚悟で買物をしてほしい。

（ハンドルネーム：（業界関連）アジア007さん）

偽物を買ってまで見栄をはりたい心理は理解できない。ただ騙されて購入した方は被害者だと思うので、インターネットで購入するときは自分で判断して購入することも必要だと思う。

（ハンドルネーム：hello_horiさん）

ブランド品をネット上等で直営店舗販売価格より極端に安く販売しているものには『何か』が有ります。そこら辺りを頭に置いて購入を検討すれば、きっと『間違い』の確率は少なくなります。

（ハンドルネーム：（業界関連）業界2さん）

品物は、その場で自分の目で見て納得してから買う。それが基本です。だだ安いからなんてもってのほかです。

（ハンドルネーム：鵜の岬さん）

その四
偽ブランド販売者に言いたい

偽ブランドを本物として高価な値段で販売しているのは、絶対に許すことは出来ない。特に、ネット上の写真は本物を使用して、購入者には偽物を送りつけているようなお店は、法律にのっとり摘発されることでしょう。いつの時代でも、偽物は偽物です。

（ハンドルネーム：Kirikoさん）

年々悪質化していますよね…偽ブランド。絶対反対!! この世からなくなって欲しいです!! 以前騙された経験あり…はぁ〜腹立つわ(怒)!!

（ハンドルネーム：ぴかぴよさん）

私利私欲のために言葉巧みに"本物"を主張する神経が理解できません。

（ハンドルネーム：diorrorさん）

儲かりさえすれば、誰が何人泣こうとかまいませんか？ 騙したという良心の呵責に苛まれることって、ないんですか？ 逮捕されるとかの恐怖感は、ないですか？ 自分で持てますか？

（ハンドルネーム：pokoさん）

買う人の立場になって物を売って欲しいと思います。詐欺だと自覚しないで売っているのかもしれませんが十分な詐欺ですよ！

(ハンドルネーム：にゃぁ！！さん)

利益の事しか考えてないのでしょうか？　相手が気付かなければ良いんでしょうか？　そうではないと思います。誰かに指摘される前に自発的に販売を中止して下さい。

(ハンドルネーム：まちゃさん)

自分勝手な犯罪者！！

(ハンドルネーム：まろんさん)

意図的販売者に〈善〉を求めることは難しいと思います。制裁しか解決の方法はないのでしょうか？

(ハンドルネーム：rossa さん)

いい加減なことをするのは、よくないと思います！

(ハンドルネーム：スイスイさん)

もうすぐ、儲けられなくなりますね。

(ハンドルネーム：Tom さん)

本物を持っている人が「偽物？」と思われる。この屈辱感は、言葉に出来ない。商店街に堂々と偽物が売られている。何回も警察に通報したが、その場だけのいたちごっこになり、一向に改善されない。こちらは、警察に通報するたびに、身元もすべて明かす

ことになり、善意の人間の情報が警察に残ることに疑問を感じつつなんとか偽ブランド販売をなくしたいという思いから、何度も警察に通報し続けています。なぜこんなにコピーが堂々と売られているのか、もっと取締りをしてもらわないと、日本人全体の価値観すら疑われる。

（ハンドルネーム：とりさん）

徹底的に騙す人をやっつける。法的に。

（ハンドルネーム：鵜の岬さん）

作るな！！　売るな！！

（ハンドルネーム：（業界関連）和田さん）

日本人の物を大事にする心を阻害するな！！

（ハンドルネーム：もぐPさん）

犯罪ですよ。恥ずかしいことです。

（ハンドルネーム：おこしやす！★Lovely 桃姫★さん）

騙して金儲けするのはやめなさい！　あの世にいったら地獄へ行くぞー。

（ハンドルネーム：鵜の岬さん）

この労力を他のことに使っていれば…とはよく言う話ですが、ネットオークションの被害も深刻なものになってきています。国も動き始めました。偽ブランド品を販売していることが、どれだけ

重大な被害を生んでいるのか考えたこともないのでしょう。もっと深刻に受け止めるべきだと思います。

(ハンドルネーム：(業界関連) YのKさん)

人を騙しているという意識はありますか？　騙された者の気持ちになったことはありますか？　犯罪だと認識していますか？

(ハンドルネーム：カレンさん)

「偽」とわかっていて、なぜ売るのですか？　単なるお金稼ぎだけでは心がさびしすぎますよ。

(ハンドルネーム：yumicorn さん)

最低な行為です！　犯罪意識がないところが最低な行為だと思います。いなくなって欲しい。違法行為、かつ犯罪をしているという自覚を持って頂きたいです。

(ハンドルネーム：真理姫さん)

オリジナルをつくれ！　情けないヤツだ。

(ハンドルネーム：せいやんせいやんさん)

あなた方のその技術をコピーに使うのではなく、他のことに巧く使えれば良いのに。偽物を販売する側はもちろん問題ですが、それを偽物だと知らずに販売されている方もいらっしゃるようですので、一概にすべてが悪だとは言い切れません…悪意があるかどうかも問題かも知れませんね…ただ、悪意が無いからと言って、偽物を販売されることは、貴方自身の信頼がなくなります。

販売される方も、しっかりとした知識を持った上で仕入れなり販売なりをしていただきたいと思います。

（ハンドルネーム：masterbox さん）

偽でもよいのでブランドを持ちたい人がいるから…こういう発想は正直恥ずかしいです。本物をもっている人たちに対しての非礼について考えられた事があるのでしょうか。

（ハンドルネーム：りりまさん）

汚く儲けた金も綺麗に儲けた金も同じ金は金です。札束に履歴は残らないです。徳がなくとも正当な金儲けです。

（ハンドルネーム：ケントさん）

消費者をバカにしています。騙してお金を取る事は「詐欺」でしかありません。人の心を弄んでいるから性質が悪い。

（ハンドルネーム：yan25 さん）

個人での販売よりも、業者を名乗って偽物ブランドを販売する人間、また鑑定知識もあまり無いのに、本物だと言い切り偽物を販売する業者。確かにブランドは高いです。少しでも安く購入出来ればと思って購入してしまう人間もいます。でも、偽物を繁栄させているのは上記の人間がいるからこそです。実際、インポートショップで偽物が並べられているところを見たこともあります。直営店さえも信用出来なくなってしまっている人が出て来ているのも、偽ブランドを販売する人が多いからでしょうね。本当に迷惑きわまりないです。

（ハンドルネーム：れなさん）

良心が痛まないのでしょうか？　痛まないのでしょうね。だからこそこんなことができるのでしょうね。犯罪だとわかっているのにできちゃう人たちですから。私は気づかずに色々買っちゃいましたよ。

(ハンドルネーム：雷電さん)

貴方たちの今やっていることは、あなたにとって人生の中の汚点でしかありません。いつかは必ず捕まります。

(ハンドルネーム：(業界関連) ぴろこさん)

それだけのやる気、技術があるなら他の所に向けてください。めいわくです。

(ハンドルネーム：ででぽ2さん)

消費者の夢(ブランド品を身につけること)を欺く、社会的に『悪』の存在だ。不当な利益を得るために、善良な消費者を欺くことは、許されない行為である。コピー商品の販売を即刻止めなさい！

(ハンドルネーム：(業界関連) アジア007さん)

いい加減にしろ！！

(ハンドルネーム：hello_hori さん)

あなた達のおかげで真面目に商売をしている並行輸入業者が迷惑しています！

(ハンドルネーム：(業界関連) 業界2さん)

その五

私（リボンリボン）にもご意見を下さい

きっかけは些細だったかもしれませんが「自分も無知だったんだわ」と泣き寝入りせずに真実を追究されたのは偉いなと思います。HPを続けていることで勇気をもらえた方も多いと思います。リボンさんに会えて本当に良かったです。

（ハンドルネーム：まちゃさん）

とても大変な取り組みをなさっている〈リボンリボンさん〉に感謝します。私はリボンリボンさんに教えていただいた、いろんな〈にせものの例〉や〈チェックポイント〉でずいぶん認識が変わりました。にせもの業者を責めることより、私たちが〈賢くならねばならない〉という認識は、リボンリボンさんによって啓蒙されたと感じます。ありがとう。

（ハンドルネーム：rossaさん）

がんばっ！！

（ハンドルネーム：まろんさん）

これからも頑張って下さい。忙しいでしょうけど、応援しています！！

（ハンドルネーム：スイスイさん）

ここまで来るのも簡単ではなかったと思います。私の周りにも、安いから偽物でもいいと言って買う人がいますが、そんなのセレブでも金持ちでもなんでもない、本物も偽物もブランド品を持つ資格がないと思います。今や女子中・高校生が、わがもの顔で偽物をもつ時代です。リボンリボンさんの本を一人でも多くの人に読んでもらいこの実態をたくさんの方に知って欲しいと思います。ニセブランドが氾濫しているこの世の中から、少しでもなくなることを祈ります。

(ハンドルネーム：seina さん)

偽ブランド品が、皆に知れ渡るように運動してください。

(ハンドルネーム：Tom さん)

つらい思いをたくさんされながら、頑張っておられる姿に陰ながらエールをお送りします！　リボンリボンさんのHPをご覧になって、被害に遭うことを事前に回避されている方も多いかと思います。私もずいぶん助けていただきました。ありがとうございました。

(ハンドルネーム：とりさん)

大変なことばかりだと思います。私たちも頼ってばかりですが、お力になれることがありましたら何なりとおっしゃってください。これからもあきらめないでください。

(ハンドルネーム：(業界関連) YのKさん)

根性ですね。学ばせてもらいました。

(ハンドルネーム：カレンさん)

一人の力が多くの力に波及することは本当に素晴らしいことだと思います。過程が大変でしょうが、絶対に成し遂げてください。

（ハンドルネーム：yumicornさん）

リボンリボンさんと出会えたこと、嬉しく思っています。ネットオークションで疑問を持っていたときに出会い、色々学べ、少しでも協力させて頂けて幸せです。リボンリボンさんに賛同して、偽ブランド商品がなくなることを祈っています。

（ハンドルネーム：真理姫さん）

応援しています。

（ハンドルネーム：せいやんせいやんさん）

賛否両論、様々な意見が飛び交うと思いますが、リボンリボンさんが思ったことをするということが一番大事なことだと思いますので、外野の意見に惑わされず、信念を貫いていただきたいと思います。私自身は、偽ブランド品を完全に排除することは不可能だと思っておりますので、完全に排除する方向に行ってしまうのではなく、偽物は買わないという、消費者側の知識向上等を目指していただきたいと考えております。なくすではなく、買わないって方向でね。いくら偽物を作ったって、買う人がいなくなれば、儲からないわけですし、作るのをやめるわけですからね。買う人がいる限りは絶対になくなりません。ブランドホルダー側にも責任はあるのかも知れませんが、私自身はあまりそう思わないんです。あくまで買う側が悪いと思うんです。もちろん売る人だって悪いんですけどね。並行輸入品は国内での正規品ではないわ

けですので、国内のブランドホルダー側に責任を追及するのもちょっと変な気もします。そこまでの責任はやはり購入される本人が負うべきかも知れません。保証が何もない分、お安く購入出来ると考えるべきかも知れませんしね。偽物販売業者はそこに目をつけたわけですから、それらから逃れるためには、買わないというのが一番の対策のように感じます。こんなことを書いているのでは、何の解決にもならないのかも知れませんが、一番早く解決させるための方法ではないかと私自身は考えています。いろいろ勝手に書いてしまいましたが、私が個人的に思っている事ですので、ブランド品が好きな方を批判しているわけではないということをご理解下さい。

（ハンドルネーム：masterbox さん）

オークションサイトの健全化を図るためには、やはりブランドホルダーが断固自社ブランドを守るしかないと思っています。そういった意味では某ブランドも一日も早く対応すべきですよね。でもようやく重い腰を上げそうな気がします。それはリボンリボンさんが手放すことなく、追求し続けたことによると思います。あと少しですね、頑張ってください。

（ハンドルネーム：りりまさん）

「消費者の欲望が偽ブランド組織を通じて、また別の消費者を騙す」こういったサイクルが続いています。真贋鑑定のレベルが上がっても消費者から無尽蔵な資金援助を受ける悪徳業者はさらに精巧な偽物を作ってきます。精巧な偽物はさらに多くの消費者を騙します。精巧であればあるほど偽物から遠のき、やがては正

規品のパイをも脅かすかもしれません。重要なのは原因が消費者自身にあることです。偽ブランド販売者を攻撃しても、需要がある限り別の販売者が生まれるだけで、偽ブランドがなくなることは絶対にありません。むしろ「偽物はダサい」「オークションなどでのグレー商品は買うな」そういった風潮を盛り上げていただきたいと思います。

(ハンドルネーム:ケントさん)

素敵なサイトですよ。ブランドものだけではなく、「オレオレ詐欺」も同じ類です。人の心の弱みに付け込んだ詐欺にしか過ぎない。オークションサイトでも詐欺が多発しています。その中で真っ直ぐ正しい方向を皆さんに提供できること、自分の意見を言えること、それはとっても勇気がいりますし、素晴らしいことです。見習いたいものです。私は応援しますし、頑張って今後もいろいろな情報を提供して欲しいです。きっと救われる人はたくさんいます。人助けのサイトです。

(ハンドルネーム:yan25さん)

いろいろ大変だと思いますが、これからも頑張って下さいね。私でよければいつでもお力になります(ほとんど無力かもしれませんが)これからも、宜しくお願い致します。

(ハンドルネーム:れなさん)

頑張ってください! 貧乏人だからこそ「直営店でないところで安く本物が買える」というのに飛びついてしまうんです。しかも金を払って管理されているはずの有料のオークションで違法な

偽物の出品が放置されているなどとは、利用者は思いもしません。この弱者の弱いところに付け込むというか、弱者から絞れるだけ絞りとるという考えだけは許せません。もっとも憎むべきは偽物を売った人ですが私はそれ以上にこのようなことを平気でするYahooオークションが許せません。

(ハンドルネーム：雷電さん)

本当！ にリボンさんの行動力には頭が下がります。これからも共にこの活動を続けていきましょう。是非協力させてくださいね。

(ハンドルネーム：(業界関連) ぴろこさん)

応援しています。本当に正しいことを人に伝えていくことは大変です。正義は勝つと信じています。

(ハンドルネーム：ででぽ2さん)

弱い消費者の立場にたち、過去に騙された方々の心のよりどころになっていると思う。またさらに推し進め、『偽ブランド品』の撲滅に、(1)インターネットでの情報公開、(2)インターネットでの撲滅キャンペーンの実施、(3)法務的な側面からの情報提供、等を推し進めています。大変なことだと思うし、続けて頑張ってほしいと思っています。私も可能な限り情報の提供をいたしますし、ぜひお仲間に加えていただきたいと思います。

(ハンドルネーム：(業界関連) アジア007さん)

頑張ってください！！ 応援しています。

(ハンドルネーム：hello_horiさん)

勇気ある活動に心を打たれます。

(ハンドルネーム：(業界関連) 業界2さん)

体を壊さないように頑張って下さい。近いうちに大阪行きたいと思います。お酒でも飲んでいろいろとお話しましょう。旦那様にもよろしくお伝え下さい。

(ハンドルネーム：(業界関連) 和田さん)

知り合いから聞いてHPを見ました。がんばってくださいね。

(ハンドルネーム：ゆみこさん)

勉強になります。ありがとうございます。

(ハンドルネーム：もぐPさん)

ごめんなさい。私ブランド物に全然興味がなくて答えられません。また協力できることがあったら言って下さい。

(ハンドルネーム：KAZZ0206さん)

推薦の言葉です。[騙されていませんか？　妄信していませんか？　綿密に冷静に偽ブランド品を検証しています。消費者の味方リボンリボンさんのblogを訪問していない方必読！　ブランド品を愛する方へお薦めのサイトです。]

(ハンドルネーム：mcダディさん)

えらい！　私は街に氾濫するニセモノの店や露天を見るたびムカツキます。でも怖くて何もできずストレスがたまるだけです。

犯罪組織かもしれないし、怖い。戦うリボンリボンさんえらい。私にはそんな勇気がありません。でも悪を許せない！

(ハンドルネーム：おこしやす！★Lovely 桃姫★さん)

またお邪魔します。こう言うアンケートって好きですね。

(ハンドルネーム：鵜の岬さん)

お久しぶりです。リボンリボンさん、本を出されるようですね。着実にリボンリボンさんのなさってきた事が実を結ぶって感じですね。いつもロムさせて頂いておりますが、影ながら応援しています。

(ハンドルネーム：ぴかぴよさん)

いわゆるブランド刑事(デカ)が誕生し、今後期待したいとは思います。日本の警察はその育成に力をいれ地方各県にも対策部のような形で気軽に相談対応できる体制を作って欲しいです。リボンリボンさん頑張ってください！ 応援してます！！

(ハンドルネーム：diorror さん)

がんばってください！

(ハンドルネーム：poko さん)

実体の見えない相手とやりとりするのは大変なことも多いと思います。シビアな交渉ならなおさらですよね。それでも、卑怯な行為を見過ごさず戦われておられる姿を拝見して、背筋が伸びる思いです。

(ハンドルネーム：たまにんさん)

これからも安全安心なオークションに向けてがんばってください。私もできる限りのことはお手伝いさせていただきます。

（ハンドルネーム：にゃぁ！！さん）

今まで主張されていたことが本になり、多くの人の目に留まる。リボンリボンさんの気持ちがわかってもらえることを願っています。

（ハンドルネーム：みみずく太郎さん）

とうとう本の出版までこぎつけたとは、すばらしいことです。正義感の強い、リボンリボンさんのことですから、偽ブランド事件がなくならない限り、私たち消費者のために動いてくださることでしょう。感謝しています。

（ハンドルネーム：Kirikoさん）

付録1

偽ブランド品にひとこと！

偽ブランド品に対するコメントの比率

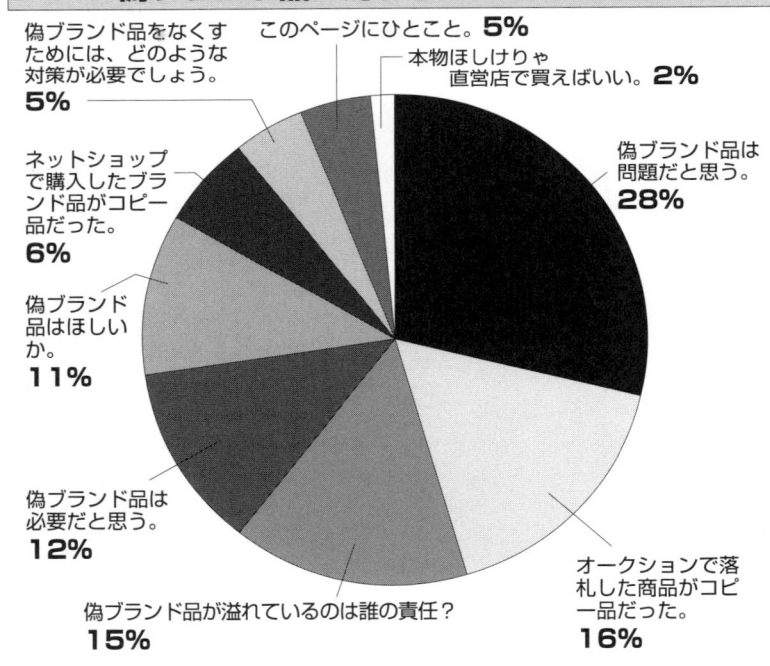

- このページにひとこと。 **5%**
- 本物ほしけりゃ直営店で買えばいい。 **2%**
- 偽ブランド品は問題だと思う。 **28%**
- 偽ブランド品をなくすためには、どのような対策が必要でしょう。 **5%**
- ネットショップで購入したブランド品がコピー品だった。 **6%**
- 偽ブランド品はほしいか。 **11%**
- 偽ブランド品は必要だと思う。 **12%**
- 偽ブランド品が溢れているのは誰の責任？ **15%**
- オークションで落札した商品がコピー品だった。 **16%**

「偽ブランド品は問題だと思う」に寄せられた声

・偽ブランドを持つ人の品位を疑う。

・あたりまえ。当然。

・地道にインポートショップをやっている者の敵です。

・ブランドに込めた夢を壊す行為は、人の心を壊す事に繋がります。

詐欺は卑劣です。
- 「ブランド」は何のためにあるのか。もし偽物が認められるのであれば、「ブランド」がブランドである意味がなくなってしまうと思います。
- 他人（他社）の知的財産権の侵害、作るほうも作るほうなら、持つほうも持つほう！
- ブランドを作り上げてきた（努力してきた）職人さん・企業の商標や利益は守られなくてはいけませんよね。
- 詐欺です！

「オークションで落札した商品がコピー品だった」に寄せられた声
- 本物と言ってたくせに、質屋で鑑定したところ全くの偽物！　絶対許しません！
- ヤフーオークションであまりの安さにビックリしてイロイロ買い漁りましたが、そのうち約４０点３０万円分ぐらいが贋物でした。後で調べたときには、業者のIDも残ってませんでした。
- 流通経路の問い合わせのメールにわざわざ電話をしてきた業者。あっけないほど軽く返品をＯＫし、偽物が多いから気をつけろと忠告までされました。楽天のショップです。
- 人をバカにしているとしか思えない。
- 本物と見比べたら全く違ったと言ったら、全額返金になりました。
- 本物じゃないと判明したので、返金には応じてくれたけど、後味悪いです。
- お高くないブランドだから、コピー出品ではないだろうと油断したら、コピー品でした。(-_-)

「偽ブランド品が溢れているのは誰の責任？」に寄せられた声
- 私達みんなの責任です。ブランドだからってなんでもかんでも、

自分の好みを考えずに買うのは止めましょう！
・消費者の責任。
・欲しがり過ぎの似非金持ちが悪い。見る目もないのにブランド名に飛びつくから…。中身を磨いてノーブランドでも高級品に見せればいい。
・刑罰が甘い！　法律の見直しが必要だと思います。
・野放し状態のオークションサイトの責任。
・偽ブランドを本物として売る側。
・販売する側は勿論悪い。でも、購入する側の無知にも責任はあると思います。
・偽ブランド品を販売しようとする犯罪者はもちろん、偽ブランド出品者に対して、何も対策をとらないオークションサイト経営者、また偽ブランド品と知りながら入手しようとする消費者にも責任があると思います。
・一番の問題は、見て見ぬふりをしているオークションサイトでしょう。

「偽ブランド品でもほしいか？」に寄せられた声
・コピーとわからない物が安くて手に入るなら欲しいです。
・個人の自由だと思います。
・欲しくないです。みんなが持っているからほしがるのは、日本人的だなあって思います。
・本物だと高くていくつも買えない。
・見た目がよければほしいと思う。
・偽物なんて欲しくない…。

「偽ブランド品は必要だと思うか？」に寄せられた声
・構わない。

- 本物は高すぎ！　買う人の自由だと思う。
- 全く人を欺いていると思います。ブランドだっていうだけで欲しくなる心を利用した、詐欺ですね！
- 本物だと思って買うからいけない。
- 必要ありません。精巧にコピーできる技術があるのなら、独自のブランドを開発すべきです。

「ネットショップで購入したブランド品がコピー品だった」に寄せられた声

- アウトレット品だから安いのかと思ってたら、偽物でした。
- 一時期、共同購入でどこでも売っていたグッ○のアクセサリーポーチ。縫い目が粗く、2度縫いされてました。それでも並行輸入だと思ったので買ったけど、今思うと有り得ないですよね。
- 楽天ショップで経験あり。返品しました。

「偽ブランド品をなくすためには、どのような対策が必要でしょうか？」に寄せられた声

- 一人一人がただブランドということだけで心を揺さぶられて自分の物にしたいと思うのでなく、自分の好みをしっかり持つことです。
- 品物の善し悪しをブランド名で判断しない、消費者側の「目」
- 偽ブランド品を「作らせない・売らせない・買わない」ような環境をつくる対策が必要では…。

「○○風という表示に騙されそうになった！　しかも、詳細の最後のほうに書いてある」に寄せられた声

- 私は○○風と気づかず入札した事がありました。気づいた直後、落札圏外になりホッとしました。

・○○風に騙されそうになった！　これだって違法だろ！！

「海賊版、偽ブランド、詐欺（入金後音沙汰無し）などが多すぎる」に寄せられた声

・オメガオクのDVDカテゴリーのアニメは、海賊版ばっかりだったぞ。
・本物だと思って買うから腹が立つ。
・楽天って、偽物多すぎ。
・購入している奴等のコメントもまたムカツク要因だな。

「ヤフー・楽天に本物を求めていいのか？」に寄せられた声

・悲しいけど犯罪者多すぎ。
・正規品しか売ってはいけない法律なのに。

付録2

入札する時に気をつけていることは？

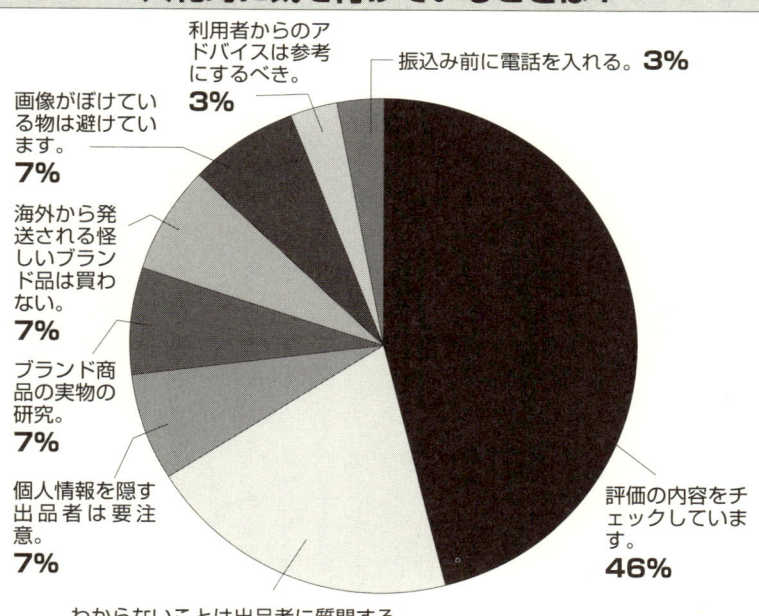

入札時に気を付けていることは？

- 利用者からのアドバイスは参考にするべき。 **3%**
- 振込み前に電話を入れる。 **3%**
- 画像がぼけている物は避けています。 **7%**
- 海外から発送される怪しいブランド品は買わない。 **7%**
- ブランド商品の実物の研究。 **7%**
- 個人情報を隠す出品者は要注意。 **7%**
- わからないことは出品者に質問する。 **20%**
- 評価の内容をチェックしています。 **46%**

「評価の内容をチェックしている」という人の声

- フォーラムを隠しているところは問題外。
- 吊り上げがよくわかります。
- 評価の中のコメントをよく読むと、「え？　こんな人とは取引したくない！」という人、結構いますよ。

・大体の評価は「大変良い」が多いのですが、その後のコメントに注意しています。私自身も「この人はちょっと…」と思った人には、簡単なコメントしか入れないので。

「わからないことは出品者に質問する」という人の声
・質問を無視する出品者からは買わない。
・手元に届いたときに後悔したくないので、ちょっとしたことでも何でも、必ずききます。でも、きいたら「細かいことを気にする方にはお勧めできません」と返答がきて、「これってちょっと…」と思ったことがあります。
・疑問点をすべて取り除いてから入札するように、心がけています。

「個人情報を隠す出品者は要注意」という人の声
・中国からの発送が多いです。
・落札後、出品者から送られてくるメールに、住所、電話番号などがないときは、すぐに振り込みません。

「ブランド商品の実物を研究する」という人の声
・まずは、本物を小物でもいいから正規店で買って、使って研究することが対策と思います。

「利用者からのアドバイスを参考にする」という人の声
・入札前に見てほしい。

「振込前に電話を入れる」という人の声
・1万円以上の場合は、振込前に電話で相手を確認しています。

付録3

ここがおかしい！

ネットオークションにひとこと！

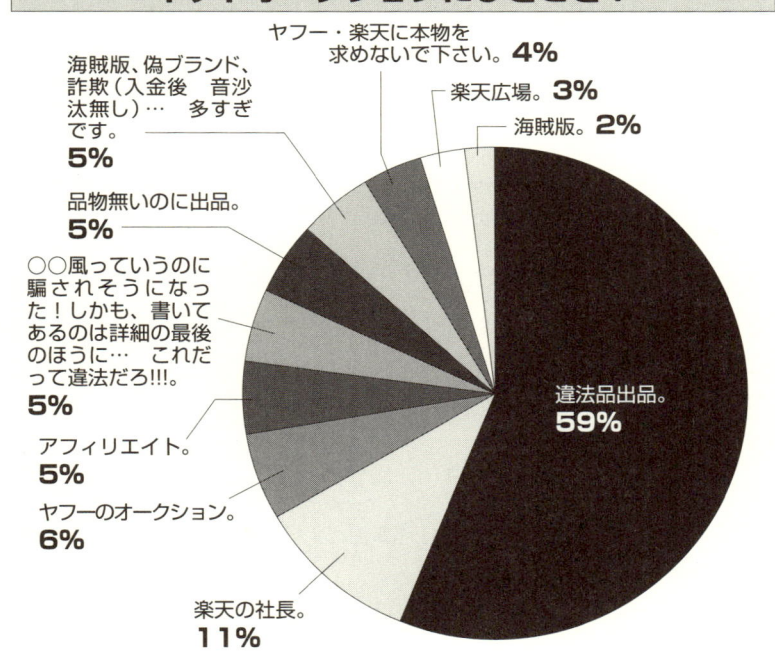

- ヤフー・楽天に本物を求めないで下さい。 4%
- 楽天広場。 3%
- 海賊版。 2%
- 海賊版、偽ブランド、詐欺（入金後 音沙汰無し）… 多すぎです。 5%
- 品物無いのに出品。 5%
- ○○風っていうのに騙されそうになった！しかも、書いてあるのは詳細の最後のほうに… これだって違法だろ!!!。 5%
- アフィリエイト。 5%
- ヤフーのオークション。 6%
- 楽天の社長。 11%
- 違法品出品。 59%

「楽天・ヤフーの違法出品放置」に寄せられた声

- その気になればかなりの業者を捕まえられるのにね。
- 偽物でも安ければよい人がいるからと、業者が開き直って言っていました。楽天のショップです。
- 売っちゃダメなものは、売っちゃダメ。

- 普通の店舗が同じことをしたら罰則があるのに、ネットなOKっておかしいでしょ。
- 明らかに贋物とわかる品物なのに、取り締まれないものなの？
- そんな出品者に場所を提供している側にも、問題ありだと思う！
- ヤフーは特に偽物ブランド多すぎ！　冬ソナのコピーDVDも売っているし…。
- 野放し状態はダメでしょう！
- 本物の方が少ないよね。
- サイトを主催する者に対する罰則を作れば、自浄作用によって違法品の出品は減少すると考えます。しかし、犯罪者から利益を得ている以上無くなることはないでしょう。
- きちんと取り締まるべきです。違法なことをする人は罰せられて当然！　許されません！
- 逮捕しろ！　小遣い稼ぎのつもりでやるもんじゃないぞ。
- ダメ
- 全然お咎めなし。なんらかの対策をするべきだろう。
- 通報しても削除される気配無し。
- 本物だと表記してあるのに…。
- 犯罪なのに…。
- 多すぎます！　ヤフーって、落札手数料を稼ぐために放ってあるとしか思えない。
- 被害者です。
- コピー品は違法だと言っておきながら野放しって、おかしすぎ。
- 第三者ぶって、法をすりぬけ金儲け。
- 明らかな違法をしっかりチェックして欲しいですね。
- 取り締まらないのはおかしい。
- 正に野放し状態。行政の1日も早い対応を！
- 偽物業者が蔓延する環境になっている。

- なんとかして欲しいです。
- チェックが甘すぎですよねえ (-_-;)
- 野放しコピーが多すぎる！
- 本物と偽って偽物を売られた。残念…。
- ○○風っていうのもコピーだろう！　コピー品野放しにしているのはおかしい！
- 楽天さん、通報してもなぜ対応してくれないの？

「楽天の社長」に寄せられた声
- いつ楽天日記が有料になるのかと、ドキドキしています。もっとしっかり社員教育して欲しいです。
- お金があるのはわかっているけど、やり方が。

「ヤフーのオークション」に寄せられた声
- 手数料ばっかりとって保証もしなければ、出品者にだまされても「お互いで解決してくれ」と言い、対応も悪い。
- 何でも有りだから！
- やりたい放題ですね。
- 明らかな偽物の出品多数。
- 楽天フリマは、落札すると自動的に出品者情報を落札者が確認できるようになってます。ヤフーもそうするべきですよね！
- 悪質出品者が多すぎ。
- 取引相手の連絡先情報を確認できないんですか？

「アフィリエイト」に寄せられた声
- アフィリエイトポイントが低すぎる。ポイントを現金化できるようにするべき。
- 本人の買い物がアフィリエイトにカウントされないのは、楽天だ

け。他 ASP では考えられないです。
・アフィリエイト経由で買い物をしてくれたのに、記録が残ってなかったことがあります。
・友人がクリックしたと言った日に、そのショップのクリックの記録がゼロだった事もあります。
・楽天は、アフィリエイトの破棄率が高いように思います。
・楽天アフィリエイトは破棄が多すぎ！ むかつきます！ 球団なんか作ってる場合じゃない

「品物が無いのに出品する業者」に寄せられた声
・商品が無かったといって、画像と違う商品に変えられました。
・詐欺と間違えられても文句言えないよね。

「楽天広場」に寄せられた声
・出品者に注意してください。
・いろいろ制限が多すぎ！ 利用者を管理しすぎ！ もっと自由に使わせて！

●●●

「リボンリボンのページにひとこと」に寄せられた声
・「みんなが持っているから、ブランドだから安心、自分も何か高級なものを持ちたい」という欲望に付け込んだ、偽ブランドは許せませんが、ブランドだということだけで欲しいって思うのは考えものです。なぜ、ブランドが日本でこんなに流行るのか…。みんな、物に対するしっかりした判断が出来ないからだと思います。
・偽ブランド品の被害にあったことの無い方も、沢山見ていただけると良いのですが…。
・みんなのために頑張ってくれて、頭が下がる思いです。m(_ _)m

妻（リボンリボン）へ

『妻が職場で倒れて救急車で運ばれた！』
　早いもので、あれからもう３年になります。
　もともと心臓が悪かったものを、いよいよ生き甲斐でもあった職場さえも離れざるをえなくしてしまいました。ストレッチャーの上のすっかり痩せ細ったあなたの身体をみて『大丈夫かなぁ？』と、ボンヤリ考えていたのを昨日のように覚えています。

「さぞや落ち込むんだろうなぁ」と思いきや、神妙だったのは病院の中だけ？　家に帰ってくるとパソコンを相手に、ゴソゴソ始めたのもちょうどこの頃からでした。
　そのうち見慣れない小包が届いたり、自分の持っているカバンや宝石などを宅急便で送ったり……。
　それに『落札』や『入札』という言葉も、この頃からだったかなぁ？
　娘たちからも「また買ったの」と、あきれられていました。
　しばらくすると、『ブランド』や『ネットでティファニー』『ルビーさん』『サクラ入札』や『チハニ貿易』、何やら聞き慣れない言葉をしばしば耳にするようになりました。
　最初はいったい何を言っているのか、さっぱり理解できなかったんですが、そうしているうちに、今度は「アラシ？　にあって、大変！」と言っているかと思えば、「主人の働いている場所は〇〇〇〇」「あなたには、子供もいるんでしょ！」などというカキコミがあって……。
　このあたりから、ちょくちょくケンカになることも増えてきて、「偽物だと分かっていて購入している人もあるんやから、あんたがとやかく言うことないやん！」
「息子たちに何かあったら……」

「自分から進んで、身体によくないことをしなくても……」

と、落ち込んでいるあなたに追い打ちをかけたこともありました。

あなた自身も「ひょっとしたら、何か脅しのようなことがあるかもしれない」と感じていたんでしょうか？

ある夜なんかは、酔って帰った私が玄関を入ると、娘と二人で竹刀を持って構えていたことがありましたね。ホンマに危ないとこやった！

それでも天性の正義感？　で「悪い者は、悪い」「間違っているものは、間違っている」と、気分転換をはかりながら、根気強く現在に至っています。

それが実ったのか、「一緒に考えてくれる刑事さんが、四国から今度ウチへ来てくれはる」と声を弾ませたり、「東京で、『ルビーさん？』や『ミンさん？』たちと会えるのが楽しみ！」などと、私もこのヘンテコで奇妙な世界に知らず知らずのうちに引きずり込まれていました。

挙句の果てには『裁判』なるものにも足を突っ込み、この先どうなっていくのか『ホンマ楽しみ』で仕方がありません。さらに、さらに今回は『本を出版』することに！　次から次へと他人をあきさせない人です。

最後に、私がいつも感じていることですが、「今は、たまたまうまく行っているだけで、これがいつまでも続くとは限りませんよ」ということ。

でも、それ以上にすばらしいことがあることも教わりました。

この『ネットという世界』でいろんな仲間たちと出会えたことです。

この『出会い』のすばらしさ。それが、網の目のようにここまで繋がってきているとは……。ちょっとジェラシーさえ感じながら、これからも家族として応援していきたいと思っています。

編集後記
この本はみんなで作ろうよ
ハンドルネーム：両国の隠居

『両国のご隠居さんの日記を拝見しました。出したい本があります。共同出版を持ちかけられたのですが、○○万円というお話です。到底、そんなにお金は出せません。ご隠居さんの本のように出来るだけ安い経費で作りたいのですが……』

ある日、このようなメールが飛び込みました。送り主はリボンリボンさんとなっています。

私は『ちょっと本を作っています』のタイトルでブログ（日記形式のホームページ）を書いています。元々はこのブログ、別に本の作り方を紹介するようなホームページではありませんでした。ところが、昨今の共同出版ブームです。最近は隠居を気取っていたのですが、私のブログの掲示板に共同出版の質問や書き込みが相次ぐようになりました。

その背景には、本を作りたい人の増加と、共同出版業者のあくなき利益追求があります。懸賞募集や「本にする原稿を探しています」と銘打って本を作りたい人を集め、共同出版の名前で本を書く人に多額のお金を出させる方法です。

このままでは出版業界そのものがおかしくなる。本はもっと安く作れる。読者の存在を無視して、本を出したい人を誑かしてまで本を作らせるなんて見過ごせない。私のブログの連載を『38万円で本ができた』という本にしました。38万円で出来た本の実例を示したのです。リボンリボンさんはその本を見て連絡してくれたのです。

早速メールに添付して原稿を送ってもらいました。ブランド品にもネットショッピングやオークションにも丸っきり興味のない私で

す。その私が原稿に吸い寄せられるように、一気に読みました。

　インターネットの裏側で繰り広げられる偽ブランド品業者の暗躍。そのことに半ば目をつぶって出店料や手数料を稼ぐオークションサイト。一人の平凡な主婦が、おかしいことをおかしいと書いただけで攻撃を受けるインターネットの世界。これは本にしなければ出版屋として悔いが残る。

　でもこの原稿のままでは本にしても誰も買わないし、誰も読まない……。

　私はブログで呼びかけました。

『読者の立場でリボンリボンさんの原稿をチェックする人。本文にはイラストも必要だ。カバーのイラストやデザインも必要だ。そうだ、もっと多くの人のコメントやアンケート結果も収録しよう。校正する人も編集する人も必要だ。出来た本を宣伝する体制も必要だ』

　多くの人が協力を申し出て下さいました。会ったこともないブログ仲間です。それも全国に散らばっています。コメントやアンケートに答えて下さった人も含めると、国内はおろか世界中へと広がりました。紙面の都合で、ここには直接この本の制作に関わった方々のハンドルネームを載せることしか出来ません。

　みなさん、ありがとう。やったネ。

　ちなみにこの本は初版3,000部を60万円程度で作りました。皆さんがボランティアで協力して下さったお陰です。

　　　　　　　ウルトラ・シンデレラ（広島）
　　　　　　　佃島ひとり書房（東京）
　　　　　　　似顔絵屋 ofude（福井）
　　　　　　　ｎｎ☆（福岡）
　　　　　　　ぽんぽこおぐら（京都）
　　　　　　　リボンリボン（大阪）

リボンリボンとその仲間たち 著
（ハンドルネーム）

リボンリボンの情報交換広場
http://plaza.rakuten.co.jp/ribonribon/

両国の隠居とブログ仲間 編
（ハンドルネーム）

ちょっと本を作っています
http://plaza.rakuten.co.jp/jps2005/

楽天さん、Yahoo! さん、これでいいんですか？
偽ブランド屋は今日も大流行り！
横行するネットオークション詐欺

初版発行：2005 年 5 月 20 日

発売元：太陽出版
〒113-0033　東京都文京区本郷 4-1-14
TEL：03-3814-0471
FAX：03-3814-2366

印刷・製本：株式会社シナノ

© ribon ribon 2005. Printed in Japan　　ISBN4-88469-414-7

◆定価はカバーに表示してあります。乱丁・落丁本がございましたらお取り替えいたします。本書の内容の一部あるいは全部を無断で複製複写（コピー）することは、法律で定められた場合を除き、著作権および出版権の侵害になりますので、その場合はあらかじめ発行者あてに許諾を求めてください。

ブログ（日記形式のホームページ）から生まれた両国の隠居の本

懸賞募集や共同出版にひそむ出版業者の問題点
本を作ろうと思う方は、ぜひ読んで下さい

ちょっと本を作っています
３８万円で本ができた
個人出版が面白い

両国の隠居／著　太陽出版／発売　定価980円

ISBN4-88469-408-2

ブログに連載されたペーソス溢れる両国の隠居の女性論
イイ女になるための41箇条

両国の隠居のないしょ話
身も心も捧げた女は飽きられる
男と女の勘違い

両国の隠居／著　太陽出版／発売　定価980円

ISBN4-88469-409-0

この本は個人出版の見本として、どちらも1000冊を38万円で作りました。